数字化转型

策划方略与实施全案

数字经济时代下的传统企业
数字化转型，
转向何方、如何转、转什么

柴 磊◎著

中国商业出版社

图书在版编目（ＣＩＰ）数据

数字化转型策划方略与实施全案：数字经济时代下的传统企业数字化转型，转向何方、如何转、转什么 / 柴磊著.--北京：中国商业出版社，2023.11
ISBN 978-7-5208-2692-1

Ⅰ.①数… Ⅱ.①柴… Ⅲ.①数字技术－应用－企业管理－研究 Ⅳ.①F272.7

中国国家版本馆CIP数据核字(2023)第213379号

责任编辑：杜 辉

（策划编辑：刘万庆）

中国商业出版社出版发行

（www.zgsycb.com 100053 北京广安门内报国寺 1 号）

总编室：010-63180647   编辑室：010-83118925

发行部：010-83120835/8286

新华书店经销

香河县宏润印刷有限公司印刷

*

710 毫米 ×1000 毫米   16 开   13 印张   130 千字

2023 年 11 月第 1 版   2023 年 11 月第 1 次印刷

定价：68.00 元

* * * *

（如有印装质量问题可更换）

对于中国企业而言，这是一个超预期的时代，当传统业务遇到全球性的数字化浪潮，旧有的业务模式进入了大灭绝时代，但是数字化新模式却进入了"寒武纪大爆发"时期。崩溃和重生，在同一个时空里发生。

在国家信息中心首席信息师张新红看来，"企业数字化转型将带来三大效应，即集聚效应、精准匹配效应，以及创新效应。当海量的供给、海量的需求集中在一起时，会自动产生新的供给和新的需求"。

在全球商业领域，中国市场是最大的消费市场，中国企业具备成为数字化企业头部的战略机遇。在伟大的时代，一定会出现无数的数字化企业，这些数字化企业将汇集成数字城市、数字中国。

今天，很多企业领导者迫切需要实现流程和旧系统的现代化、数字化。麦肯锡的一项调查显示：11% 的受访者认为，他们的业务模式在当前的经济形势下依然可行，而 64% 的受访者表示，企业需要构建新的数字化业务来实现目标。

由此，是否需要实施数字化转型，已经是一个没有争议的问题。在数字经济时代，没有数字化基因的企业，是无法存活于世的。如何尽快推行数字化转型，是摆在当今企业面前的一个关系生死存亡的重大课题。

本书介绍了企业数字化转型时机、数字化战略结构转型、数字化组织转型、数字化商业模式打造、数字化产品服务设计、数字化营销渠道构建、数字化赋能全产业链等内容，并细致阐述了数字化转型的误区和注意事项，旨在帮助广大企业找到一条可行的、实用的、适合自身的数字化转型之路。

目　录

第一章　底层逻辑：数字化转型的本质

第二章　借势而动：数字化转型的时机

第三章　战略先行：数字化战略结构转型

第四章　组织跟进：数字化组织转型

第五章　模式设计：数字化商业模式打造

第九章 转型陷阱：数字化转型五大误区

第十章 细节定成败：数字化转型注意事项

第一章
底层逻辑：数字化转型的本质

在现如今这个瞬息万变、不确定的时代里，数字化成了最大的确定性。了解数字化转型的本质，弄清数字化转型的底层逻辑，对于企业来说已是刚需。

第一节　什么是数字化转型

互联网带领我们进入了一个全新的数字社会，在各行各业推进数字化的大潮中，我们见证了一个时代的变迁：从现金支付到无现金支付；从纸质人民币到数字人民币；从纸质发票到电子发票；从银行柜台办事到网上银行、手机银行……一切都变成了一串数字、一种潮流。

企业是整个经济社会中的重要组成细胞，在这场数字化的迭代过程中，能否赶上数字化的发展步伐，直接关系到企业的生死存亡。全球手机巨头诺基亚，在智能手机的道路上棋错一招就满盘皆输；柯达直到破产时，生产的胶卷质量都非常棒，实际上柯达什么也没有做错，但当数字化的大潮来袭时，再好的胶卷在智能手机强大拍照功能的对比下，都显得苍白无力。

在"十四五"规划绘制的蓝图中，"数字化"是被重点提及的，"加快数字化发展"被列为重要指导方针，这也让企业的"数字化转型"成为社会热点。

无论企业是否愿意，是主动还是被动，没有人可以抗拒历史的发展潮流，21世纪是信息化、数字化的时代，每家企业都会被数字化的浪潮所席卷，没有例外。如何应对数字化浪潮？实际上，伴随着互联网的蓬勃发展，很多企业也在纷纷探索自己的数字化转型之路。

长期以来，企业界对于数字化转型的理解和认识是非常片面的，单纯认为数字化转型是"技术"上的问题，大家一窝蜂地搭建企业网站、开发企业微信小程序、定制数字化办公系统，那么实际效果又怎样呢？有多少企业花费巨资建起来的网站没有什么访问量，有多少企业开发的各种小程序乏人问津，有多少数字化办公系统不仅没有起到提高工作效率的目的，反而是线下程序＋线上程序两者并行，平白无故增加了企业的内部管理成本。

从严格意义上来说，这不是数字化转型，这是"数字化"包袱。数字化究竟可以给企业带来什么，取决于企业如何看待数字化，如何开展数字化转型。

企业的数字化转型从来不是一个单纯的数字技术层面的问题，而是一个庞大的系统性工程。数字化转型的目的，不应该是看别人在搞数字化，自己也要搞数字化，否则会落后于人，而是应当由企业的发展战略、业务需要等来牵引，整个转型过程中涉及战略、组织、文化、工具、绩效、激励等，只谈新技术，是做不好数字化转型的。

数字化转型是建立在数字化转换、数字化升级基础上的，又进一步触及企业核心业务，以新建一种商业模式为目标的高层次转型。从本质上来说，数字化转型是通过利用现代技术和通信手段，改变企业为客户创造价值的方式。

数字化转型不仅会涉及企业内部的核心业务流程，还会涉及与合作伙伴、供应商、客户等交流方式的变革，只有将数字技术真正融入产品、服务、流程当中，转变客户的业务成果和商业交付方式，才能称得上是真正意义上的数字化转型。

为了推动企业的数字化及数字化转型，不少企业在组织内部纷纷设立了 CDO（首席数字官），专门负责整个公司的信息技术和系统所有领域，通过对信息技术的利用来支持整个公司战略目标、业绩目标的实现。

关于传统企业的数字化转型，北京航空航天大学刘强教授曾提出"三不"观点：不要在落后的工艺基础上搞自动化；不要在落后的管理基础上搞信息化；不要在不具备数字化、网络化基础时搞智能化。

这一观点得到了很多企业 CIO（首席信息官）的认同，有 CIO 认为："大家现在都在说数字化转型。我认为传统企业嫁接上数字化的翅膀是对的，但前提是，必须有组织的再造和文化的再造，再加上数字化的再造，才能成功。我们传统企业的基因和数字化是不搭的。不少企业仅仅做了数字化转型，结果组织没有跟上，文化没有跟上，企业形成了'两张皮'，反而加速了它的倒闭进程。"

中钢集团 CIO 李红认为，企业的数字化转型主要有三步：转换 →融合→重构。"转换"是第一步，简单来说，就是实现技术应用的升级，从传统的信息技术承载的数字转变成"新一代 IT 技术"的数字。"融合"是第二步，要借助数字技术打通企业全方位、全过程、全领域的数据实时流动和共享，实现信息技术与业务管理的真正融合。"重构"是第三步，即在适应互联网时代和智能时代需要的基础上，借助数字化实现精准运营，加快传统业态下的设计、研发、生产、运营、管理、商业等的变革与重构。

数字化转型本质上是新一代信息技术驱动下的一场业务、管理和商务模式的一次深度变革和重构，技术是表象，业务是内核，所有企业都绝不能缺席。

第二节　数字化时代已经到来

纵观中国商业领域的数字化发展，主要经历了以下两个阶段。

个人电脑＋互联网是最早的计算平台，人类借此拿到了进入数字世界的钥匙。在这一阶段，计算文明获得了初步发展，但并不广泛。由于个人电脑价格较高，并不是每个人都有足够的经济能力轻松购买一台个人电脑，这就影响了其入网硬件的普及。当时，互联网只在一部分人群中普及，比如企业职员、富人、经济条件较好的中产阶级、教育机构、热衷新事物的年轻人等。

智能手机＋移动互联网形成了第二次信息科技浪潮，打开了人类进入数字世界的大门。在这一阶段，计算文明获得了令人惊讶的发展。一系列国产智能手机品牌崛起，小米更是把智能手机带入了千元时代。一方面是价格越来越平民化的智能手机终端；另一方面是中国人民稳步增长的收入，使得人手一部智能手机成为现实，即便是年龄较大的老年群体也基本上都拥有智能手机终端，如此大的普及度，让移动互联网涵盖的范围更大、人员更多，一个基于智能手机的虚拟全民网络基本形成。

在互联网和移动互联网的浪潮中，涌现出了一大批从诞生起就自带数字化特征的新型企业，如抖音、快手、拼多多、B站等，这些企业界的后起之秀，以无往不胜的气势迅速收割着市场和用户。

成立于2015年9月的拼多多，可谓互联网电商领域中的一匹黑马，短短三年时间，年度活跃用户就达到了3.855亿人，成为超过京东的中国第二大电商平台。为什么拼多多可以在如此之短的时间里就迅速成长为可以与淘宝、京东、天猫相匹敌的电商平台呢？

这与拼多多的低价模式有着密不可分的关系。用户可以和朋友、家人、邻居、其他也有购买需求的网友等发起拼团，从而用更低的价格买到优质商品。拼多多是一个非常典型的社交电商平台，在这里，用户可以通过给朋友发送砍价链接，让大家一起"帮我砍一刀"，从而以更低的价格甚至0元拿到商品。

不少在拼多多上购物的用户，都会发出类似这样的惊叹：商品太便宜了，质量也不差，价格简直突破了人的想象力，甚至有些用户反而担心起店家、商家的生计问题。

以"抖音"为例，自 2016 年 9 月上线，短短不足 4 年时间便成为"短视频行业风向标"，如今，抖音已经形成一个新的商机王国，不少电商中的中小卖家，透过抖音短视频的火爆看到了"曲线救国"的新商机，他们一边经营着自己的网上店铺，一边在抖音上发布小视频，期望能够通过吸引粉丝的方式有力拉动店铺的人流量和产品销量。如今，在抖音上开通个人主页电商橱窗已成为一种新型的"商业模式"，一部分网友正在养成边刷抖音一边购物的习惯。源源不断汇集的流量，巩固了抖音这一品牌在短视频行业中的地位。

当拼多多、抖音等后起之秀在商业领域高歌猛进之时，与之相对的是一大批传统型企业的市场不断被蚕食，甚至因此而倒闭。

曾经门店遍及全国各大城市的国美电器、苏宁电器，如今已经被京东挤到了电器销售行业的边缘。今天的广大消费者，提起买电器，第一反应是去京东上下单，而不是外出跑到门店等来挑选，正如前央视名嘴张泉灵所说的，"时代抛弃你的时候，连招呼都不打一声"。

不论企业曾经多么声名显赫、市场占有率多高、业绩多么亮眼，只要没跟上数字化时代的步伐，就会分分钟被淘汰。这并非危言耸听，无数知名企业的倒下，已经用惨痛的事实证明了这一点。

数字化时代已经到来，寻求数字化转型，快速跟上数字化发展大潮，是所有传统企业必须勇敢面对的问题。

对于中国商业领域而言，这是一个超预期的时代，当中国商业领域遇到全球性的数字浪潮，传统企业进入了大灭绝时代，但是新企业却进入了"寒武纪大爆发"时期，崩溃和重生，是在同一个时空里发生的。

第三节　数字化对企业的影响

数字化给商业领域究竟带来了什么？又对企业产生了什么样的影响？

1. 数字化催生了商业新物种

在以互联网为依托的传播形式下，电子商务减少了中间环节，提高了效率，企业创建品牌的速度也大大提高了，远超以前的速度。

过去做一个品牌，门槛高，难度大，需要在成百上千的店铺投放产品，才能触达到更多的消费人群；但对于互联网品牌来说，第一天上线，就可触达全国的消费者，互联网品牌在传播、塑造方面比传统公司要快得多。

搭上互联网"快车"的品牌新物种很多，比如完美日记、瑞幸咖啡等新流量产品品牌。以"完美日记"为例，2017年3月品牌正式创立，2018年"双十二"开始，完美日记就成为天猫彩妆品类销量第一的品牌，并持续占据榜首 8 个月。完美日记是一个前期完全生长于网络的品牌，打开市场的第一扇窗就是社交媒体，微博、小红书上铺天盖地的完美日记用户分享，让无数年轻消费者记住了这个新品牌，进而成为他们的消费者。除了微博、小红书，完美日记还在抖音、快手、B 站等新兴平台投放软文宣传等。事实证明：社交媒体的宣传性价比远远要比投入大量资金在传统媒体打广告、找明星代言人划算得多。

基于互联网、移动互联网而诞生的新品牌，善于使用大数据引擎，善于发掘企业的文创特性，它们大多依托网络社交部落兴起，具备与传统品牌截然不同的新特点；互联网品牌有着自己的新逻辑，售卖商品不再是唯一目的，在互联网延伸出来的虚拟新空间中，每个人都是一个新大陆，先建立网络生命体，再发展网络人格化品牌，最后才是顺便卖商品。在不可逆转的数字化浪潮中，哪个品牌能早一点向数字空间转移，哪个品牌就能把握更多机会。

2. 企业运作面临一系列新挑战

近年来，互联网的快速发展和数字化时代的到来，让企业运作面临着一系列新情况、新挑战。

首先是市场需求变得更加多元化，对于中小企业或个人创业者来说，这是抢占市场的好机会；其次是技术推动用户部落的兴起，无数用户聚集在互联网上的虚拟社区、社群、论坛等地形成了一个个"部落"，这为企业营销运作提供了新天地；最后是媒体粉尘化、媒体权利解构，带来了企业大混战，企业品牌的老化速度不断加快，新的品牌不断快速崛起，中小企业开始把握媒体，能够在互联网等新媒体上大声发出自己的声音。

朋友圈、论坛、短视频、直播等多种多样的媒体，让企业的营销运作呈现场景化特征，中小企业迎来大量抓住头部场景组合的机会，而只要能抓住机会，就能让企业获得快速成长。但与此同时，企业又变得无比脆弱，在互联网数字时代，人人都是媒体，一个个体就可以挑战一个几十年的市场品牌，一次小小的危机事件，一旦引发了全网热潮，就足以快速毁掉一个好不容易建立起来的商业帝国。

3.数字化正在重构企业组织

互联网的快速发展，正在重构传统的组织架构。互联网的去中心化特质，使得企业普遍形成了网络结构的扁平化组织构造。

从供给侧层面来讲，精准性、系统性的特征越来越明显。随着自动化技术的不断发展，供给层面呈现出越来越精英化的趋势，价值的产生主要依赖于少数人的创新和创造，换句话说，未来没有创造力的岗位必然会被人工智能所取代。在供给侧层面，男性领导力占据着优势地位，男性在硬性目标的大协同领域处于核心地位，命令式和标准化的刚性协同，是男性领导力的优势所在。

从消费层面来讲，随着商品的极大丰富，买方市场成为决定性因素，人们的消费行为呈现出越来越模糊的趋势，情感对于人们购买行为的影响越来越突出。在消费领域，女性是主力，而真正的生态型经济，在消费侧，而非供给侧。

消费决定了供给，有市场的地方才会随之出现供应。在供给侧层面，价值链是高度的理性协作，越精确越好；但在消费侧的组织形态下，则呈现出灵活快速的团聚和离散。消费侧的组织形态，是一种感性协作模式，是由人与人之间的关系主导的消费网络，和供应链是完全不同的体系，存在着巨大的模糊空间，尤其情感对于人们购买行为的影响越来越突出。

今天，中国的整体经济运行正在向体验经济转型，企业的数字化转型需要向追求顾客感受性满足的方向迁移。互联网经济的本质，实际上是一种全新的经济形态，它追求顾客感受性满足的程度，对消费过程中顾客的自我体验非常重视。"体验经济"的出现和蓬勃发展指明了经济社会发展的新方向，代表着主流消费方式和生产方式的重大变革，也为企业的数字化转型展现出了新的图景。

第四节　数字化与信息化的区别

要探究信息化与数字化的区别，须先从二者的定义入手。

信息化是指通过计算机建立信息收集系统，将传统业务中的流程和数据通过信息系统来处理，然后结合信息处理结果，通过将计算机技术应用于个别资源或流程，来达到提升内部效率的效果。

如果要用例子来说明，简单来说，就好比传统出租车，乘客路边招手，空车司机看到就停过去，路线也通常由司机选择，而出租车背后有司机管理系统、车辆调控系统等。

数字化是指基于企业信息化建设中所使用的技术支持和能力，让内外所有资源和全业务流程都与技术产生真正的交互，并对内外数据的交互作分析和处理，进而改变传统的商业运作模式。

如果要用例子来说明，简单来说，网约车平台将传统出租车招客过程搬到数字化平台上，乘客可以在网约车 App 上约车，车主通过手机抢单为乘客提供服务，同时网约车 App 上已规划好行程路线和到达时间，以及大概费用情况。

再从基础构成来讲，数字化和信息化的区别在于所处的技术阶段不同。

信息化停留在基础阶段，交易一般都在线下完成。

信息化是以现代通信、网络、数据库技术为基础，将所研究对象的各要素汇总至数据库，供特定人群生活、工作、学习、辅助决策等，以提高人们各种行为的效率，推动社会进步。

数字化是将所有流程全部搬到了线上，从头到尾都在线上完成，所有过程都用虚拟网络来表述，而且能够用虚拟网络来表述。而且数字化是所有交易、管理、经营流程都在线上完成，都采用数字化方式来处理。

　　企业在信息化建设过程中，企业的整个架构和决策执行流程是不变的；最多是增加了 IT 部门以及一些工作岗位，中高层管理人员也只是从看纸质数据变为从电脑端、手机端看数据，决策在下达前还是要经过头脑判断，整个流程并没有发生改变，只是技术系统进行了升级，使用的介质发生了变化。

　　然而，企业在数字化建设过程中，组织结构却发生了变化，大量的数据采集、运算反馈过程都自动、扁平发生，直接指令到事，指挥到人，绕开了传统的授权模式。最典型的就是数据中台和技术中台的出现。所以，企业的数字化不仅是技术系统的升级，企业的组织架构和流程也都发生了变化，相应的企业的战略规划等也须进行重新思考和定位。

　　最后，二者的转型构建不同。企业做信息化构建相对简单。由 IT 部门立项、询价，由于 OA 或 ERP 的基本需求是格式化的，所以选型工作并不复杂，在通用的产品基础上加上适当的定制化即可。

　　但企业数字化却复杂得多。它是企业信息化基础上的深度应用，需要从调研企业的数字化战略开始，重建企业适应数字化生存的商业模式，适应数字化员工的新管理模式，在此基础上，再构建出适合自己企业的技术平台、数据平台。经过这样的过程和设计需求，市场上的大部分技术提供商并不能直接提供产品，只能一起开发解决方案，并制订项目化计划，双方或多方共同研讨，协同推进数字化转型。所以企业数字化转型很大比重是个性化、轻量化的自定义搭建类产品。

数字化转型是指利用数字化技术来推动企业转变业务模式、改变组织架构、变革企业文化等的措施。此处还以网约车中的顺风车业务为例，车主不是职业出租车司机，并不能像传统出租车司机那样开着车到处找乘客，他们只能依靠网约车平台发布自己的路程轨迹，通过网约车系统算法匹配到合适乘客的路线，最终完成交易。这种业务模式仅能在网约车平台（数字化世界）使用，而这也是出租车行业"数字化转型"的突出体现之一。

第五节　什么是数字经济

"数字经济"这一概念，是由新经济学家和商业策略大师唐·泰普斯科特提出的。20世纪90年代，泰普斯科特出版了一本详细论述互联网对社会经济影响的著作《数字经济》，此后，"数字经济"这一概念得以广泛传播。

那么，"数字经济"究竟是什么呢？《G20数字经济发展与合作倡议》给出了这样的答案："数字经济"是指以使用数字化的知识和信息作为关键生产要素，以现代信息网络作为重要载体，以信息通信技术的有效使用作为效率提升和经济结构优化的重要推动力的一系列经济活动。

中国是全世界人口最多的国家之一，智能手机的大范围普及，催生了庞大的网民群体，而庞大的网民又构成了中国蓬勃发展的消费市场。央视发布的《2022 中国数字经济主题报告》显示，中国数字经济规模已经达到了 45.5 万亿元，同比名义增长 16.2%，位居世界第二，成为经济增长新引擎。

数字经济一枝独秀，并不是中国独有的经济现象，从全球范围来看，中国信通院发布的《全球数字经济白皮书（2022 年）》显示：2021 年，测算的 47 个国家数字经济增加值规模为 38.1 万亿美元（约人民币 265.94 万亿元），同比名义增长 15.6%，占 GDP 比重为 45.0%。数字经济为全球经济复苏提供了重要支撑，其中产业数字化占数字经济比重为 85%，是数字经济发展的主引擎。

在我国，互联网、"互联网+"和数字经济的发展是一脉相传的，互联网是新兴技术和先进生产力的代表，"互联网+"则是实现生产力快速发展、经济进步的手段和工具，而两者的结合和发展最终结果便是数字经济。

从微观层面来说，数字经济的背后是无数流量汇聚而成的商业版图。在铺天盖地的产业数字化背后，是无数企业数字化转型的弯道超车、迅猛发展。种种迹象显示数字化时代已经到来。

人类每次重大的技术革命带来的不仅是生产力的飞速进步，还伴随着人们生活方式和社会形态的变化。铁器的发明使得人类社会步入农业经济时期，蒸汽机和各种大机器的发明和使用使得人类社会进入工业经济时期，而 20 世纪随着计算机互联网技术的发明和普遍应用，数字经济成为人类社会经济发展的一个新形态。

没有互联网和网络，就没有电商，也就没有数字经济的新形态。在数字互联网时代，谁能做好数字化转型，谁能吸引更多流量，谁就能在白热化的竞争中占据优势地位，谁也就能成为行业中的"领头羊"。在数字互联网时代，流量为王是不二法则，也是数字经济的典型特征。

以互联网为依托形成的数字经济，彻底打破了传统商业格局，也彻底颠覆了人们的生产、生活方式，一个属于数字经济的新时代来临。

传统商业领域是渠道为王，即谁掌握了更多、更好的渠道，谁就能够在激烈的市场竞争中占据优势地位，但席卷而来的互联网彻底改变了这一商业逻辑。在互联网时代，流量才是直接关系企业生死的关键，才是吸金的利器。

在 45.5 万亿元的数字经济规模背后，是无数用户形成的线上流量的汹涌流动，是无数企业在流量竞争中的博弈与拼杀，是流量自身在互联网上转移变化的结果。如果说数字经济是雄起起气昂昂的冲锋队，那么流量就是组成这支冲锋队的士兵。而谁能在这场商业战争中招收到更多的士兵，谁的赢面就会更大。

流量即力量，用户即"上帝"，只要掌握了流量，就有了用户，有了用户，就有了利润与生存发展空间。流量意味着体量，体量则意味着分量；

用户聚焦之处，金钱必将随之。

只有打破一个旧世界，才能建立一个新世界。网络技术的普遍应用和发展使得无线网络、宽带、云计算、芯片和传感器等新一代基础设施得以出现和普及，很多传统的基础设施也在慢慢被互联网技术所渗透和改造，如乘坐公交车可以扫描手机二维码付款、无人驾驶汽车、数字化停车系统等。今天，数字化的技术、服务、产品仍然在快速向传统产业的各个领域渗透，各行各业呈现出产业数字化的明显特征。传统企业要想在互联网时代实现新生，就要做好自我革命的准备，坚定地迈出数字化转型这一步。

第六节　数字化转型到底要转变什么

对于企业来说，数字化转型到底要转变什么？从全局的视角来看企业数字化转型，可以大体上将其划分为战略转变、业务转变、流程转变、组织转变、绩效转变、文化转变六大板块。

1. 战略转变

网易创始人丁磊认为："企业的成功往往取决于两个方面：一个是战略，一个是执行力。"

一个企业推进数字化转型，没有明确的目标，就好像一条船在海里漂荡，因为没有目标港，因此不管这条船漂了多久，有多少经历风浪的经验，它始终不会到达目的地。尽管这条船有很好的现代化设备，有强大的发动机动力，有训练一流的船长和船员，但由于没有明确的目标，它也只能是东走西荡，始终不能到达最后的港湾。

正确的战略，是"做正确的事"。作为企业家或管理者，要推进数字化转型，必须认准一个方向，具备清晰的判断力，动作可以慢，但一定要看准了再跟上去。做任何事，风险是不可避免的，但正确的数字化转型战略会降低很多风险，让你避免踩别人踩过的坑。当一个企业连数字化转型目标都不清楚的时候，任何方向对它来说都是不顺的。

2. 业务转变

企业推进数字化转型光有"战略"不行，还需要努力地去"执行"，要正确地做事。数字化转型战略的执行，离不开企业业务的转变。比如，以面向终端消费者的零售行业来讲，其主要业务是将商品售卖给消费者，数字化转型就是要转变业务模式，在向线下消费者售卖产品的同时，也向周围特定区域的线上消费者提供线上下单购买、送货上门的服务，这种转变就属于业务层面的数字化转变。

可以肯定地说，所有企业的数字化转型，必然会涉及业务层面的数字化转变，不分行业也无关规模。而能否流畅地推动业务层面的数字化转型，事关数字化转型是否落地。

3. 流程转变

对数字化转型执行的情况进行长期定时跟进，是保证企业数字化转型战略顺利执行的重中之重。没有过程，就不会有结果，有什么样的过程，就会有什么样的结果。只看结果，不看过程，看似有道理，但实际上却是低效的。要想让企业数字化转型的战略真正落地执行，就一定要追过程。

而过程一定会涉及流程上的转变。以企业财务系统的数字化为例，在传统的财务工作中，各类报表、数据主要是以纸质形式呈现给管理者，管理者也是通过在纸质文件上签字等方式来进行处理。而数字化的财务系统，则在一定程度上改变了流程，管理者不必再经常和财务人员索取相关数据，需要某项数据时，可以进入财务系统直接快速导出。这就是流程上的转变，这种转变，大大提升了流程效率。

4.组织转变

数字化转型从不是企业某一个方面的转变，而是一个系统性的大转变、大升级。企业数字化转型过程中，会涌现出一大堆相关的新任务、新工作，如果没有对应的人做对应的事情，那么数字化转型必然会陷入无疾而终的局面。

为了应对数字化过程中的各类事务，企业通常都会设置与之相关的岗位、部门等，比如规模比较大的企业会专门设置负责企业数字化转型的首席数字官（CDO），这就涉及了企业组织上的转变。没有组织上的转变，就不会有成功的企业数字化转型。

5.绩效转变

　　"绩效"是在企业中出现频率很高的一个热词,管理层要负责企业组织绩效的制定、考核等工作,自然会经常和"绩效"打交道;基层一线员工是被考核者,绩效直接关系到他们的收入、能否升职加薪、奖金有多少等切身利益,因此他们也非常关注"绩效"。

　　可以肯定地说,不管是管理层,还是基层一线员工,绩效都是强大执行力的根源,没有绩效考核的工作,必然会被组织成员视为可有可无、可做可不做的事情。因此,企业推进数字化转型,就必须制定与之相应的绩效目标、绩效考核办法等,没有绩效目标和考核上的转变,企业的数字化转型终会因为执行层面的无力导致无疾而终。

　　6. 文化转变

　　任正非曾说过,世界上一切资源都可能枯竭,只有一种资源可以生生不息,那就是文化。在企业经营过程中,塑造企业文化是最难的,因为战略、战术可以模仿和复制,唯有企业文化难以模仿和复制,并且企业文化又可以把战略、战术当作食物一样吃掉。

　　文化转变是企业数字化转型中最容易被忽略的部分,但它又恰是转型中最重要的一环,因为有什么样的文化,就会有什么样的追求,就会让企业朝着什么样的方向发展。乔布斯"用技术改变世界"的理念广为人知,这种理念对于苹果在技术上的精益求精具有莫大的影响力。企业推进数字化转型,也要重视企业数字化文化的塑造,这对于企业完成数字化转型后的长远发展非常有益。

第七节　数字化转型的意义

一些服务于 B 端客户的企业，在当前互联网数字化已经席卷大多数行业的背景下，对于数字化转型并没有多少感触。毕竟没进行数字化转型也活得不错，有大量的老客户有着不错的营业额，也有比较不错的利润，在这种情况下，为什么要推进数字化，数字化转型的意义又何在呢？

事实上，不管企业所处的行业是面向 C 端消费者的，还是面向 B 端组织的，也不论企业的规模大小，可以毫不夸张地说，几乎市场上所有企业，都可以在数字驱动的运营中受益，为客户、合作伙伴和员工创造更大的价值。

具体来说，数字化转型可以给企业带来以下几点益处。

1. 更深入的市场分析

企业要想为用户提供更优质的服务，扩大市场占有率，就一定要做深入的市场分析、用户分析。而大数据是分析用户偏好的给力工具，只有数字化转型，企业才能更好地善用、多用大数据，精准分析用户的习惯、消费频率、浏览记录等，从而绘制出高价值消费者的行为画像，如此一来，企业在产品研发、营销活动等方面才可以如虎添翼，越做越好。

在数字互联网时代，用户数据是企业最为重要的战略资产。企业需要精准地留住用户数据，和用户进行长期互动。如今的互联网时代，大数据技术为企业收集和分析用户数据、打造高质量的数据资产提供了极大便利；而借助大数据、互联网统计软件等，企业收集客户需求信息也变得更快捷、方便和低成本。

京东、抖音、今日头条等，无一不实现了"千人千面"功能，即根据每个用户的搜索习惯、浏览习惯等推送其可能更感兴趣的商品或内容，如此"个性化"的服务，其实现基础就是大量用户数据。

2. 更快、更高效的流程

数字化可以大大提高企业间的协作效率，这一点，在物流环节体现得尤为明显。数字化的智能供应链可以将生产、流通、消费环节的数据进行可视化，让供应链上的每个企业都能清楚地了解相关信息，增强供应链的协同性。

AIRBUS 是世界上最大的商务客机制造商之一，由于他的供应商所处的地理位置相对分散，因此其很难跟踪各个部件、组件和其他资产从供应商仓库运送到制造基地过程中的情况。

为了改变这一情况，AIRBUS 公司创建了一个智能的感应解决方案，部件从供应商的仓库运抵组装线的过程中，它们会途经一个智能集装箱，这种集装箱用于盛放保存有重要信息的 RFID 标签。在每个重要的结合点，读卡机都会审查这些标记。如果货物运错了地方或没有包含正确的部件，系统便会发出警报，方便问题尽快解决。这一方案不仅节省了运输费用，还提高了部件流动的总体效率。

3.更低的成本

与传统办公方式相比，数字化的办公方式天然具有成本优势。

从小的方面来说，首先，电子化的文件传输、保存，可以节省大量纸张以及文件保存空间；其次，电子化文件可以通过快速搜索找到，而不必像传统的档案室一样需要借助人力花费更多时间寻找文件。

从大的方面来说，数字化转型后，在人员方面，企业也可以降低更多成本。今天，对于很多岗位来说，远程办公是完全没有任何障碍的，这就意味着企业可以将招聘范围扩展得更大，可以从生活成本更低、人力成本更低的地区寻求可远程办公的员工，不仅省去了办公室办公的相关成本，对员工来说也节省了大量的通勤时间，可谓双赢。

4.更容易打造品牌影响力

互联网和信息化，可以大大加快企业打造品牌影响力的进度。在过去，人们受限于地理空间通过全国各地连锁的方式打造品牌影响力的做法正变得越来越低效，即便是像超市便利店、生鲜等行业，也纷纷通过网络来打造自己的商业版图。在互联网上，企业可以大声喊出自己的声音，只要声音够大，就可以大范围地触达目标人群，并在信息传播过程中减少信息折损率。

通过人格化 IP 快速打造品牌影响力，早已经不是什么新鲜事。以"江小白"为例，这是一个非常年轻的白酒品牌，瞄准年轻人这一客户群体，以"我是江小白，生活很简单"为品牌理念，奉行"简单纯粹，特立独行"的品牌精神，持续打造"我是江小白"品牌 IP。与传统白酒品牌相比，江小白极富文化创意的品牌宣传，简直是白酒行业中的一股清流。"我有一瓶酒，有话对你说""把自己灌醉，给别人机会""我爱你，就像你不爱我一样深"……这些洋溢着个性的语言，让大众一下子就注意到了这个不一样的年轻化的白酒品牌，快速吸引了大量年轻人的关注。

第八节　数字化转型升级本质是利用数字技术建设核心竞争力

在竞争越来越白热化的今天，竞争力强弱直接关系到企业的生死存亡；而企业有没有核心竞争力，又直接决定着企业在整个市场生态中的地位和状态。企业数字化转型升级的本质，实际上就是利用数字技术建设自己的核心竞争力的过程。

1. 数字化转型可以提升企业的资源整合率

数字技术打破时间与空间的障碍，将资源有效整合在一起。在传统的商业关系中，企业、产品、消费者等要素是独立且分散的，企业很难准确地把握消费者的消费行为与心理，企业与消费者之间信息不对称的情况十分普遍。数字技术则打破了时间与空间的障碍，能够将资源有效地整合在一起，解决了企业业务在线、数据采集等问题，从而形成了巨大的超级价值链与价值网。

2. 数字化转型可以产生行业联动

在数字化时代，对于一个企业来说，掌握的核心数据资源越多，对产业链的控制力就越强。比如，对大量出租车的行驶数据进行分析研究后，就可以对这个城市的交通状况有一个深入的了解，这不仅有助于优化导航产品的开发，还能够对商圈、住宅区的人流量做出准确的判断，方便零售商更好地选址。

由此可见，基于大数据、云技术等的发展，可以将相同或者不同场景下的数据进行叠加，通过对其的分析研究，来优化其他行业活动，促进不同行业产生联动和共振。

3. 数字化转型可以提高企业决策的准确性

企业能够成功运营，决策是否正确起着关键作用，决策不正确，有可能将企业推入万丈深渊。传统的企业运营能力建设是通过组织和人员培训得以完成的，但数字化商业则是依靠数据驱动的，利用算法模型进行归类、分析、研究和总结，然后加以应用，提高了企业商业决策的准确性，帮助企业洞察出新的商业机会。

比如，在今天的零售行业，我们对消费者的研究可以精确到个人，清晰地刻画出个体的性格、行为、爱好等，从而产生出更加满足消费者需求的个性化产品。

4. 数字化转型可助推企业打造全价值生态网

如今，各行各业都在对数字资源进行高度整合，从而形成了庞大的平台经济，而庞大的平台经济又促进了价值生态网的全面形成。这种产业生态借助数据智能的方式，会使企业的经营边界愈加模糊，社会分工更加明确，产业协作更加灵活，有利于打造出一套效率更高但成本更低的商业模式，给用户提供更好的产品与服务，实现资源化共享。

5. 数字化转型有助于企业打造成本优势

企业数字化转型可以有效降低信息不对称的成本，在科技高度成熟的背景下，通过对大数据的识别、选择、过滤、存储和使用，将有限的社会资源精准投向产出比最高的领域，降低不经济、不必要的资源与成本投入，提升生产效率的同时，降低成本，增加效益。

通用汽车在美国工业互联网发展战略中发挥着重要的作用，引领着美国工业数字化体系的建设。有关数字化转型，通用汽车提出了一个著名的1% 理论。该理论认为，在电力、铁路、医疗、航空业和石油天然气这五大行业中，借助数字化手段，使成本降低1%，就能为产业链企业释放3000 亿美元不必要的成本。

6. 数字化转型有助于企业打造供应链优势

美国 Kearney 咨询公司曾指出，供应链可耗费整个公司高达 25% 的运营成本，而对于一个利润率仅为 3%~4% 的企业而言，哪怕降低 5% 的供应链成本，也足以使企业的利润翻番。供应链成本管理对企业利润的影响非常大，把握住供应链成本就是把握了真正的核心竞争力。

荷兰皇家菲仕兰康柏尼公司是全球最大的乳制品企业之一，旗下有 1.2 万名牧场主。作为供应链条商的起始环节，这些牧场主正在改变祖辈传统的生产方式：为农场中的奶牛定制身份数码项圈，随时观察每头奶牛的健康、饮食和运动情况，并将相关数据汇总到管理系统中；自动挤奶系统观察记录牛奶的品质，为检测提供依据。

在供应链的另一端，顾客只要用手机扫描一下奶粉罐底部的二维码，就可以立刻获得关于这罐奶粉生产管控流程的全部信息，包括源头牧场的位置，当地空气和土壤的质量，运输流程，牛奶采集、生产、检测、出厂及入关的准确日期等。

荷兰皇家菲仕兰康柏尼公司推出的这套产品信息溯源系统，是该公司推动供应链数字化变革的一项重要内容——通过数字技术，提升供应链的透明度和可靠性，满足顾客对产品质量可控性的需求。

此外，在数字化转型赋能的大背景下，企业还可以连接起不同的金融机构，构建金融机构大生态，从而获得综合金融服务方案（可以融合投行、券商、商行、资管等特色服务产品），使金融融资成本更低。

第二章
借势而动：数字化转型的时机

在分秒必争的时代，任何决策失误都会错失数字化转型机会。借势而动，企业如何找准最佳的数字化转型时机？

第一节　企业是否到了必须进行数字化转型的阶段

数字化转型的时机，事关企业数字化的成败。对于企业来说，数字化转型过晚，竞争对手早已经完成了数字化转型，实现了弯道超车，这时候要想后来者居上就变得更加艰难了；数字化转型过早也不是好事，当企业的传统型业务根基都不稳、隐患重重之时，数字化转型不仅难以救企业于水火，反而会更早将企业拖向倒闭的深渊。

那么，如何判断企业是否到了必须进行数字化转型的阶段呢？

我们可以通过倾听来自客户的声音、竞争对手的声音和企业内部流程的声音，来最终判断企业数字化转型的时机是否成熟。

1.客户的声音

客户的声音（Voice of Customer，VOC）。聆听客户的声音，是绝大部分企业都在做的一件事情，但VOC有更深层的含义，它不仅包括收集了解客户的反馈声音，还强调行动。也就是说，VOC是一个闭环，从收集客户反馈，到把反馈纳入产品或服务改善，再到响应客户。

第一步：聆听。

企业应当为客户设置低成本的、快捷方便的反馈渠道，比如设置客服电话、线上客服、投诉热线、线上留言板等，以实时获取客户反馈。如今，随着机器智能客服等的运用，很多企业得以大幅压缩客服运营成本，需要注意的是，以降低成本为导向的聆听客户声音渠道，往往在实际运用中效果会大打折扣，因此，企业要注意成本与效果双方的平衡。

第二步：行动。

收到客户的反馈后，要从客户角度出发，把客户的声音转化为具体的指标，明确企业需要做到什么，然后再给予客户反馈。

在实际场景中，客户的反馈往往是表面层次的，这时企业就要深挖客户的言语，从中找出客户真正的需求，并将其转化为企业应该做到的事项。比如，客户反馈现在市面上很多产品都可以扫码溯源产地、生产过程、运输过程等，为什么你们的产品没有？这说明企业要做的是供应链的数字化转型。

第三步：分析。

聆听客户声音，通过实际行动给予反馈，这并不是 VOC 的整个闭环，行动后，还要根据目标评估客户的实际体验，并不断改进行动的目标和具体做法。

2. 竞争对手的声音

竞争对手就是我们最鲜明的地理坐标。倾听竞争对手的声音，通过与外部标杆进行对比，企业就能够快速地找出自己与竞争对手的差距，从而轻松梳理出需要数字化转型的合适节点。

企业可以通过对竞争对手的数字化程度以及整个行业的数字化程度来判断企业目前所处的位置，倘若行业内一家进行数字化转型的企业都没有，那么要不要做第一个"吃螃蟹的人"？如果少数竞争对手已经开始布局数字化转型，那么快速跟随，就是避免被竞争对手甩开的最佳策略。

3. 企业内部流程的声音

内部流程的声音（Voice of Process，VOP）。通过倾听内部流程的声音，企业可以找到那些需要进行数字化的流程。

在实际的企业运营过程中，来自内部流程的声音是繁杂且多样的，既有员工们的日常抱怨、待遇诉求、工作交流、意见建议，又有基层、中层、高层管理者之间的上传下达，还有部门与部门之间的配合摩擦等，可以说这些声音当中，有很大一部分对于企业的数字化转型是没有什么价值的。那么，面对如此多、如此多元的内部流程声音，怎样才能找出有价值的信息呢？

第一步：信息筛选。

收集内部流程的声音是一件相对容易的事情，但其难点在于信息的筛选。哪些声音是有价值的，哪些声音是没有任何价值的，怎样筛选有效信息等，事关企业数字化转型成败的关键。企业在进行信息筛选时，可以采取两个渠道。

一个渠道是按照组织机构设置，逐级逐层进行信息筛选，最终将有价值的数字化转型信息汇总给最高管理者。这种信息筛选办法，虽然可以过滤掉大批无用信息，但也存在一个明显不足，即一些有价值的信息会在逐级逐层的筛选中被剔除掉，因此设置另一个可互补的渠道就显得十分必要，即面对全员设置一个公开的渠道，比如总经理邮箱、内部匿名论坛等，即便是被逐层逐级剔除掉的声音，都可以通过内部论坛等方式汇集到一起进行筛选。

两种渠道的筛选，可以使得筛选出的结果更全面、更准确、更清晰。

第二步：刨根问底。

筛选出的信息，可以用问题的方式来描述，针对问题，不断发问，在发问的过程中不断细化问题，一直到无法再问"为什么"，就找到了数字化转型的关键点。

倾听来自客户的声音、竞争对手的声音和内部流程的声音，都可以帮助企业判断是否到了必须进行数字化转型的阶段。需要注意的是，企业既可以通过倾听某一个或某两个声音来确定是否推进了数字化转型，也可以一起倾听三种声音，结合三种声音分别得到的关键信息来进行综合判断。

第二节　不同行业的企业数字化转型的契机

所处的行业不同，企业的数字化转型契机也有差别。我们可以根据以下规律，来综合判断企业所处行业的数字化转型契机。

1. 越标准化的，越早数字化

互联网推动人类进入了数字文明阶段。从本质上来说，企业推进数字化转型的本质，就是将企业的流程、工作内容、组织结构等信息，通过数字符号表达出来并连接到高度发达的数字世界，从而实现整体效率的提升。

不同行业，工作内容、流程、组织结构等不同，使用数字符号表达的难度也不同，总的来说，越接近标准化，就会越早实现数字化，进行数字化转型的难度也更低。比如，财会、金融行业是天然亲数字的，因此从整个社会范围来看，它们也是进行数字化转型最早、最典型、最完备的行业。

如果企业所处行业很容易实现标准化，那么数字化转型就越早越好。

2. 对智能化要求越高的，越早数字化

企业所处的行业不同，生产的产品不同，面向的消费群体不同，对数字化程度的敏感度也大不相同。总的来说，消费者对智能化要求越高的产品，企业越应该早推进数字化转型。比如家电行业，随着广大消费者生活水平的提高，人们对于家电的智能化、数字化水平的追求越来越高，手机远程控制可提前开启家中空调、热水器；智能音箱与智能家电的组合，可以实现喊一声就能开关灯、电视、窗帘……对于这些产品，企业不及早推进数字化转型，就会很快被消费者抛弃。有些行业，则对智能化、数字化不太敏感，尤其是一些必须线下交付的服务业，比如理发、美容等，这些行业对于智能化、数字化的敏感度不高，其数字化转型就不那么迫切，可以从容地推进。

3. 数字化越省成本的，越早数字化

不同行业的企业，推行数字化转型后，所节省的成本也存在较大差异，尤其是一些工作标准化程度高，一旦数字化转型成功后，可立竿见影节省成本的企业，其推动数字化转型的动机越充分，数字化转型的时机也就越早。像停车场收取停车费、超市结账等，其工作内容的标准化程度都比较高，推行数字化转型后，可直接、快速缩减人力成本，因此是数字化转型比较典型、成熟的领域。

4. 所处地区越发达，越早数字化

比如，北京、上海、广州等大城市，经济发达，数字化氛围更浓，数字技术、智能技术也更先进，是引领全国发展的风向标，因此，在此类城市的企业，越早实现数字化转型，对其接下来的发展就越有利。一些主要布局在偏远地区的企业，在数字化转型方面往往会比较落后。由此，企业可以根据自身所在地区，综合判断合适的数字化转型契机。

此外，从整体上来说，规模越大的企业，会越早进行数字化转型。数字化转型会给不同规模的企业带来不同的影响，规模越大，营业额越多，服务消费者人数越多的企业，进行数字化转型后的受益也更多，因此其推行数字化转型的动机也越充足。一般而言，规模大的企业会先于中型企业推进数字化转型，中型企业会比小企业更积极、更早地推行数字化转型，个体户会比小企业更晚涉足数字化转型。

第三节　数字化转型的企业案例

说到数字化转型，很多人的第一反应是，只有那些传统企业或处在传统行业的企业才会考虑。实际上，这种认识是片面的。当今社会，瞬息万变，大数据、物联网、机器人、人工智能、5G、区块链、元宇宙……新技术如雨后春笋般涌现出来，并快速席卷全球，即便是那些诞生之初就自带互联网、数字化基因的企业，面对技术的发展和迭代，也会面临数字化转型的问题。

华为是全球领先的信息与通信技术解决方案供应商，但鲜为人知的是，华为早在 2016 年就开启了供应链的数字化转型。

2016 年，华为提出了面向未来的 ISC+ 的战略目标"实现超越，成为行业领导者"，并对供应链体系提出了清晰的变革要求，即通过业务与技术的双轮驱动，构建及时、敏捷、可靠的主动型供应链，使华为现有的供应链更简单、更及时、更准确。

通过 ISC+ 变革，华为要实现六大转变：一是以线下为主的业务模式转变为线下、线上并重；二是将大量手工作业的工作内容转变为系统自动化处理；三是将原信息串行传递的工作方式转变为信息共享的协同并行作业方式；四是将依赖个人经验和直觉判断的决策模式转变为基于统一的数据仓库和数据模型的数据分析使能的决策支持模式；五是将原来的以深圳为中心的"推"式计划分配模式转变为"拉"式资源分配模式；六是将原来的集中管理方式转变为一线自主决策、总部机关提供能力支撑和监管的管理模式。

为了实现以上六大转变，华为围绕三大主线启动了八个子项目，具体如下。

一是简化交易的主线：以提升客户交易体验和一线工作效率为目标，从线下交易转变为线上交易，并与客户系统对接，实时响应客户需求。

二是数字化供应链转型的主线：实现供应链从信息化向数字化转型，从人工作业向自动化和智能化转型，从职能化向协同化转型。

三是业务服务化和IT轻量化的主线：从集中化的ERP管理系统向分布式的云平台转变，对系统结构解耦，进行模块化设计。

八个子项目分别是客户在线协同项目、订单结构重构和生命周期管理项目、共享互动式集成计划项目、智能运营中心项目、供应策略和供应路径及可插拔供应网络项目、多级供应商协同项目、数字化制造项目、轻量化IT架构项目。

经过3年多的ISC+变革，华为基本实现了变革蓝图中产品的大部分功能，覆盖了供应链的大多数环节，数据底座基本构建完成，运营工作也陆续展开。此外，驱动前端销售和产品变革，实现了公司从客户端到供应商端、从内到外的全流程打通，具体表现在以下三个方面。

第一，实现了与客户的数字化连接。从线下交易到线上交易的转变，改善了用户的交易体验，结合客户在线协同管理功能，实现了业务自动化与智能化，变被动响应为主动服务。

第二，实现了与供应商产业链的数字化连接，使业务更透明，风险更可控。结合供应商在线协同管理系统，形成产业链的协同作用，多级供应商的供应能力可视、可管、可跟踪，风险可预警。

第三，实现了华为内部的供应链数字化转型，使供应链更智能。

华为的ISC+变革，成果喜人，主要表现在：PO处理时间缩短到分钟级，库存周转天数缩短了10多天，仓储面积减少了数十万平方米，物流成本节约了数亿元，自动化作业增多，实际工作人员数量在销售收入增长的前提下非增反减，此外，还增加了公司的可持续性供应能力，降低了供应风险。

华为经过 ISC+ 变革，初步实现了对人机协作、智能化、自动化的供应链全面协同管理，距离价值创造的主动型供应链管理目标更进了一步。

在当今瞬息万变的全球化商业环境中，变化发生得愈加频繁，这就要求企业比以往更加灵活地预测变化和处理变化，通过不断地改革和自我更新，来寻求发展和壮大。而华为深谙其中的道理，在供应链管理领域，华为作为传统制造业，率先进行了数字化和智能化转型，这充分说明华为一直走在努力变革的道路上，而那些故步自封的企业唯有倒闭这一条路可走。

第四节　数字化转型的未来趋势

如果说互联网开启了商业领域数字化转型的大幕，那么对于今天的企业来说，一场数字化的转型之旅才刚刚开始。

互联网、移动互联网并不是数字化的终极形态。今天，互联网的发展已经陷入了内卷化的负向循环，不同形态的内容，在商业化、信息分发等方面的内核逻辑走向高度一致，在用户体验、内容载体、场景、传播、交互等方面都进入了瓶颈期。

业内人士认为,元宇宙有望为经典互联网增加空间性维度,它将带领我们进入一个全新的"四维"空间,赋予我们时空拓展层面上的全新体验和价值,为用户创造沉浸式、交互式等更多感官维度的体验。

元宇宙会是人类未来的数字世界吗?尽管今天的我们谁也无法肯定地回答这一问题,但在某种程度上,元宇宙正在给我们描绘数字化深度转型的方向和蓝图。

2021年,知名歌手林俊杰在自己的推特账号上宣布自己在Decentraland上花费13万美元购买了三块虚拟土地。

2021年北京时间3月11日晚,一幅NFT数字艺术品《每一天:前5000天》由纽约佳士得网络拍卖,最终以6930万美元(约4.5亿元人民币)成交。

卢浮宫是世界四大博物馆之一,当前卢浮宫也推出了VR线上展览,让人们足不出户就可以通过计算机、手机进入卢浮宫的虚拟展览馆。虚拟展览馆提供中文服务,即便是不懂英文的人,也可以无障碍地在其中徜徉,尽享国外文化的魅力。

为了适应"无现金社会"的发展趋势,中国人民银行推出了数字人民币,如今,数字人民币正走进人们的生活,一些企业已经开始使用它给员工发工资了。

……

这些看似并不相关的信息，实际上也折射出了企业数字化转型的未来趋势。

1. 数字化转型会朝着沉浸式方向发展

今天企业层面的数字化转型还主要停留在从传统模式转变为互联网模式的层面，除极少数走在数字化前沿的行业和企业外，我们还没有完全追赶上数字化技术的步伐。未来，企业的数字化程度一定会随着技术的发展不断加深，不断朝着虚拟化、沉浸式的方向发展，如远程办公、远程协作，将会无限逼近于现实中的情景。

2. 数字化转型会朝着自动化方向发展

企业推进数字化转型，最重要的动机就是提高效率、降低成本。随着人工智能技术的发展，智能化、自动化程度将可以获得更大程度的提高，届时一些本该需要人力去做的事情，完全可以交由人工智能来处理，只有当人工智能无法处理时，才需要人的介入和协助。在高度智能化、自动化的未来，企业的生产效率将会获得难以想象的提升，生产成本也会不断降低。

3. 数字化转型会朝着永续性方向发展

当前，数字资产已经成为企业的重要资产之一，但这些数字资产还主要是通过存储在服务器中等方式来保存，一旦出现重大事故，很可能会导致企业的所有数字资产毁于一旦，瞬间清零。今天，任何一个网站、App或应用，都是依托企业等组织而存在的，一旦组织死亡或组织做出结束某项工作的决策，其网站、App或应用就会停滞。未来，随着区块链＋元宇宙的不断融合发展，企业的数字化资产会实现存在的永续性。元宇宙是永续性的，具有自动进化能力，一旦建立起来，其中的用户与 AI 等便会促使其不断地迭代、变化和发展，实现自动永续运营。

未来，所有的行业和企业都会被裹挟到数字化转型的浪潮中，没有一个企业可以做到置身事外。顺大势者，才能繁荣昌盛，对于企业而言，结合数字化转型的未来趋势，早日找到适合自身的数字化转型之路，才是明智之举。

第五节　企业数字化转型的必备要素

一个数字化转型成功的企业，其成功的原因从来不是靠"运气"，也不是靠"追热点"追出来的。一个企业要想在数字化转型过程中平稳度过，就一定要对企业数字化转型的必备要素做到胸中有数，并结合企业的外部环境和自身条件做出数字化转型的战略方向规划，以保证数字化转型的顺利进行。

那么，对于企业来说，数字化转型的必备要素有哪些呢？

1. 数字化领导力

不少企业发现，一到开始实施数字化转型战略的时候，企业就会显得非常无力，为什么会这样呢？数字化转型投入不足、数字化转型的时间太长、执行力度不够等，这些都是影响企业数字化转型战略目标达成的因素，但很少有企业意识到领导力的重要性，实际上，数字化领导力对企业的数字化转型至关重要。

数字化领导力，是指在管辖的范围内充分利用人力和客观条件，争取以最小的成本完成数字化转型所需完成的有关事项，提高整个团体的办事效率。就"领导力"中的"领"字而言，是带领方向、带领目标之意。企业有方向、有目标，才能成功推进数字化转型。

数字化领导力对于企业的管理者提出了更高的要求。从提升数字化领导力来说，企业的领导者必须明确三个关键点：一是干什么；二是怎么干；三是执行力。"干什么"指的是工作方向，领导者必须给下属指明正确的工作方向和工作部署，这样下属的工作才能有效。这就好比排长带队打仗，若排长的部署都是错误的，那么不仅赢不了战争，还有可能全军覆没。"怎么干"指的是数字化工作能力的提高，即领导者要学会赋能团队、培养团队。那么如何赋能和培养团队呢？领导者要分享自己的工作方法和经验，经常培训团队，提升整个团队的战斗力。执行力是指领导者要监督、激励、管理、考核团队，提高整个团队的工作效率。

好的结果都是设计出来的，优秀的数字化转型管理者一定要善于做工作部署，即定目标、帮措施、带过程、拿成果。

2. 数字化人才储备

尽管不少企业在数字化转型过程中都会通过购买服务、与第三方数字化技术类型的企业合作等方式来推动自身的数字化进程，表面看起来企业自己没有数字化人才储备也无关紧要，但实际并非如此。

不管是在企业数字化转型前期、中期还是后期，数字化人才储备都是至关重要的。

企业在数字化转型前期，如果没有数字化方面的人才，那么企业就会对数字化缺乏基本的、正确的、客观的认知。这就好比一个人永远赚不到自己认知以外的钱，一个企业也永远做不好自己认知之外的事。因此，企业只有做好数字化人才储备，才能正确看待数字化转型，才能制定出正确的数字化转型战略，才能正确运用数字化转型工具、渠道和平台，最终实现自己的目的。

在数字化转型中期，即便是与强有力的数字化技术第三方达成合作，在推进整个企业数字化的过程中，仍然需要企业内部不少部门、员工的配合与对接，倘若企业内部人员对数字化一无所知，缺乏基本的数字化素养，那么双方的协作必然低效。良好的数字化人才储备情况，可以帮助企业快速地推进数字化进程。

在数字化转型后期，第三方数字化技术服务商即将交付退出，所有数字化流程以及事务都会移交给企业，这时，企业内部必须有相应的数字化人才来接管并进行管理，否则，企业将会面临花了巨大代价做好的数字化转型难以正常运行的尴尬局面。

3. 创新化的思维

企业的数字化转型从来都不是目的，也不是终点，对于企业来说，这将会是一个全新的起点。在完成数字化转型后，借助大数据等数字化工具，对企业各方面的数据进行分析变得轻而易举，这时就需要企业领导者具备创新化的思维，能够在数据分析的过程中捕捉到一闪而过的商机。没有创新化的思维，没有商业模式转变的自觉，企业的数字化转型就会失去无限的想象空间。一个没有想象空间的企业，其发展必然有限，难以实现突破与跨越式发展。

第三章
战略先行：数字化战略结构转型

有什么样的战略，就会走什么样的道路。企业的数字化转型，一定是战略先行，也必须是战略先行。

第一节　战略策划数字化

正如比尔·盖茨所说，"创办一个公司就像建立一座大厦，没有蓝图，就不可能顺利地施工，谁都不能在没有蓝图的情况下施工"。企业的战略地图实际上就充当了"蓝图"的角色，正确绘制企业的战略地图，直接关系着"大厦"能否成功建成，建成后是否牢固。

企业推进数字化转型，一定是战略先行，这就意味着，企业的战略策划是数字化的第一步。没有战略策划的数字化，企业的数字化转型就无从谈起。

对于企业来说，怎样才能做到战略策划数字化呢？罗伯特·卡普兰说："战略困扰你，把它画成图。"战略地图可以对企业战略进行客观、全面、具体、系统、科学的描述，是能够轻松实现战略制定者与执行者、管理者与员工有效沟通的载体，也是可以帮助企业实现战略策划数字化的有效工具。

那么，具体来说，企业的战略地图究竟要怎么绘制呢？

企业战略地图的绘制并不困难，只要按照下列步骤操作即可。

1.确定企业的财务目标

企业的财务目标，简单来说就是"要收入多少钱"，老板、高管对未来企业的收入预期就是企业的财务目标，如果是股份制企业，那么股东对企业未来的收入预期则是财务目标。比如，股东期望 3 年后实现 9000 万元的销售收入，但现在企业的销售收入只有 2000 万元，那么与股东预期相差的 7000 万元，就是企业的总体财务目标。

需要注意的是，企业的财务目标并不是拍脑袋决定的，而是建立在对企业既往业绩的数字化分析基础之上的，并结合了未来行业发展、企业发展的预期等综合制定出来的。

2.调整客户层面的目标

企业实际情况与财务目标之间存在的差距对于企业来说并不是照旧经营就能够弥补的，调整客户层面的目标有助于企业更好地实现财务目标。一般来说，对现有客户进行分析，然后对现有的客户价值主张进行调整是比较常见的做法。市场上的客户价值主张可以分为四类：一是追求总成本最低；二是强调产品创新和领导；三是强调为客户提供全面"一站式"解决方案；四是系统锁定。企业可以根据客户的实际情况，确定客户价值主张调整策略。

要想实现战略策划数字化，客户层面的目标就一定要融入数字化策略，比如为客户提供全面"一站式"解决方案，就要明确出数字化会带来哪些改变，如何运用数字化手段帮助企业达成客户层面的目标等。

3.确定价值提升时间表

不列时间表的目标，在执行和落实上往往会大打折扣。因此，企业要想达成财务目标，一定要制定出明确的价值提升时间表。比如，3年时间实现销售收入从2000万元提升到9000万元，就要明确第一年销售收入提升至多少，第二年多少、第三年多少。时间表要尽可能地细化，将大目标拆解成一个个小目标，确定了每年提升多少，最好再拆解到每半年、每季度。

4. 确定战略主题

战略主题，实际上也就是企业的内部流程层面，从内部流程中找出关键流程，也就是运营管理流程、客户管理流程、创新流程、社会流程，并从短期、中期、长期三个维度确定企业分别要做什么。

对于企业数字化转型来说，我们可以将企业的战略主题确定为数字化转型，然后借助数字化这一工具对企业的内部流程进行分阶段式改造，明确每个时期企业推行数字化分别要做什么。

5.提升战略准备度

简单来说，战略准备度就是企业的学习和成长，主要是分析企业现有的无形资产，即人力资本、信息资本、组织资本。通过对无形资产的分析，判断企业是否具备支撑关键流程的能力，倘若企业暂不具备支撑关键流程的能力，那么就要想办法提升。

企业推进数字化转型，必须对企业的有形资产、无形资产进行分析，只有这样才能制定出符合企业自身，而企业自身也能够支撑的数字化转型战略，从而减少数字化转型半途而废的可能。

6. 形成行动方案

根据前面确定的企业战略以及相对应的不同目标、指标和目标值，就可以综合制订一套行动方案，并配备好实现目标所需的相关资源，最终形成战略策划数字化预算。

绘制企业战略地图，可以帮助企业领导者更清楚、更具体、更明白地传达企业未来的战略意图和发展规划路径，从而实现以战略地图为载体，沟通战略、达成共识、凝聚人心的目标。

第二节 企业数字化发展的核心理念

"射人先射马，擒贼先擒王"，明确企业数字化发展的核心理念，对于企业数字化转型战略的制定以及整个数字化转型战略的落地、执行来说，都至关重要，可以起到事半功倍的效果。

那么，企业数字化发展的核心理念主要有哪些呢？一般来说，事关企业数字化发展成败的核心要素主要有以下五大理念。

1. 企业全域数据融合

数字经济的核心生产要素是数据，如果说石油是工业发展的"血液"，那么数据就是数字经济的"血液"。企业要想彻底实现数字化转型，就一定要将数据融合到每个环节、每个流程，就像"血液"流淌在人体的全身一样。

数据只有在流动中才能更好地与企业融合在一起，才能创造出更大的价值。不论什么行业、怎样的商业模式，企业只有实现全域数据融合，才能彻底完成数字化转型。以精准营销为例，企业只有实现自身数据、互联网平台数据、社会宏观数据等的融合，才能实现对市场、消费者行为的精细化洞察，进而实现"千人千面"的精准化营销。

2. 以消费者运营为核心

以消费者运营为核心，简单来说，企业的数字化必须找对思路，要从以产品为中心的传统思路转变为以消费者为中心，围绕消费者数据，洞察消费者需求，最终借助数字化手段提升消费者的体验。企业推进数字化转型，就必须关注消费者全流程体验。与消费者全流程实现高效互动、价值共创，是数字化企业的必备能力。

企业要充分运用数字化手段，长期且全面地记录、分析、运营自己的消费者或用户，并展开精细化分析，利用分析结果驱动业务运营，调动每个员工的工作积极性。

如今，不少企业虽然已经早早开启了数字化转型，但商品数据、会员数据、消费者数据等，还尚未彻底实现线上线下打通。基于数据中台支撑实现需求端数据智能，成为企业需求端数字化转型的关注焦点。一个完美实现需求端数字化转型的企业，必须拥有实时服务海量消费者的能力，对消费者做到全周期、全场景运营，实现对消费者数据资产的专业化管理。

3. 供需协同数字化

伴随着互联网、移动互联网的快速发展，商业领域早就迎来了一场史无前例的数字化变革，但过去这些年的数字技术应用都集中发生在消费端和需求端。眼下发展劲头正盛的数字经济，正在将无数企业的数字化从消费端、需求端推向供给端。

以消费端数据驱动供给端变革，实行"消费端 + 供给端"的"双轮驱动"，实现供需协同高度数字化。

一直以来，供需匹配是商业运行的核心，而企业的数字化转型可以在很大程度上快速提高供需匹配的效率。从需求端的数据分析、科学预测，到库存信息的实时更新，数字化可以将需求端与供给端连接起来，实现数据的快速传输和共享，大大提升企业的运营能力，实现供需协同高度数字化，零库存也可以保障企业正常运营。

4. 数字基础设施重构

企业的数字化转型是无法凭空实现的，必须借助数字技术，做好数字基础设施建设。作为当今全球商业创新的第一驱动力，数字技术已成为企业数字化转型的主要催化剂。目前，企业的数字基础设施重构，主要朝着云端化、中台化、移动化方向发展。

从数字技术层面来说，企业数字化转型可选择多种路径，既可以基于云端构建企业数字化新一代软件架构，也可以选择全球技术架构体系及开发运营模式 App 化和移动化等。

总的来说，企业的数字基础设施重构，最根本的就是把每个物体、流程都数字化，只有这样才能在数字世界实现高效率低成本的信息分享和交换。

5. 可持续的增长模式

企业数字化转型，从本质上来说，就是要升级发展模式，将有限的增长模式转变为可持续的增长模式，持续提高企业人、财、物的运转效率，让企业有能力实现"新品、新客、新城、新场景"的持续拓展，不断创造新的增长点，从而实现企业运营模式的全面转型。

此外，数字化转型还可以帮助企业实时满足海量消费者的个性化需求。尤其是在实物商品和服务领域，这一能力是企业完成数字化转型的一个必备能力。

第三节　数字化战略结构设计

企业的数字化战略结构设计，必须与企业数字化转型战略相一致，且是基于企业的核心业务、组织与协作、基础设施，能够产生切实的市场表现，否则就是空中楼阁。

那么，具体企业应该如何设计自己的数字化战略结构呢？

1. 明确企业的数字化转型战略方向

所谓"战略方向"，即企业制订数字化转型战略方案和战略决策的指导方向。在现实商业领域，因没有把握好"方向"而导致数字化转型失败的企业比比皆是。

比如，曾经辉煌一时如今已消失在大众生活中的柯达胶卷。20世纪末，柯达已经面临来自数码成像技术对传统成像技术的冲击，到了1998年，柯达就开始感受到了传统胶卷业务的萎缩之痛，但是因为担心胶卷销量会受到影响，因而柯达的高层决策者们一直不敢大刀阔斧地进行数字化业务改革，最终致使这个发明了第一台数码相机的知名企业，因为战略方向失误而陨落。

绝大多数企业家缺乏对数字化转型战略方向的认知，而是常常无意识地把产业的数字化发展方向、数字技术发展方向等同于企业的数字化转型战略方向，实际上这是非常危险的。如今不少行业的数字化都出现了同质化，比如不少企业都纷纷推出了自己的微信小程序，但营销并没有变得容易，反而越来越难，根本没有多少用户使用，实际上这种现象与企业数字化转型战略方向是密切相关的，当行业内的绝大多数企业家都把数字化转型方向作为自己的战略方向，那么数字化产品或数字化服务的同质化就是一种必然，唯有加深对数字化转型战略方向的认知，明确自己特定的战略方向，才能更好地避开同质化竞争的红海。

2. 画出企业数字化转型战略的路径

有了明确的数字化转型战略方向后，企业必须努力寻求数字化转型战略成功的路径地图。企业数字化转型战略的本质是划定企业数字化经营活动的范围和边界，明确"做什么""不做什么"。而画出企业数字化转型的路径地图并不困难，主要有以下三项内容。

一是澄清数字化转型战略地图，简单地说，就是明确企业现有业务的数字化情况以及战略目标中的理想数字化程度。

二是数字化转型战略地图牵引。要想实现数字化转型的战略目标，那么企业就必须有"驱动力"，企业家要把能够牵引企业"动"起来的"引擎"明确出来，是靠"数字技术创新驱动"还是"数字化流程提质增效驱动"，唯有充足的"驱动力"才能让企业朝着既定的数字化转型方向不断行动、前进。

三是数字化转型战略地图贯穿。简单来说就是"实践"，数字化转型战略地图绘就，驱动力到位，那么接下来就是"一步一个脚印"地去做、去走、去尝试，尽管这个过程并不是一帆风顺的，总是会遇到困难、挫折、陷阱，但只有把数字化转型战略地图上的一个个地点贯穿，才能实现转型战略的落地，完成企业的数字化战略转型目标。

3. 选好实现企业数字化转型的工具

不管是企业核心业务的数字化、组织与协作的数字化，还是数字化基础设施，都离不开数字化技术这一工具。能否选好、用好这一工具，对于实现企业数字化转型至关重要。

数字化技术没有最好，只有是否合适。企业所处的行业不同、业务不同、组织结构不同，适用的数字化技术工具也会有很大的差异。这就要求企业在推进数字化转型前，就要充分深入地分析企业核心业务的数字化需求。对于此，可以从三个方面进行拆解：一是人，即营销与消费者运营方面；二是场，即渠道与零售终端方面；三是货，即研发生产与供应链方面。此外，企业内部的不同部门，对于数字化也有着不同的需求，因此，认真细致地梳理企业内部组织的不同数字化需求，有助于筛选出最具性价比的数字化转型工具或数字化技术方案。

总的来说，企业只有找准了核心业务的数字化需求、内部组织的数字化需求，才能选好实现数字化转型的工具，才能让数字化转型战略的执行更顺畅。

4. 做好企业数字化转型战略的解码

所谓企业数字化转型战略的解码，就是将晦涩、宏观的数字化转型战略规划解读成人人可懂的工作规划。

数字化转型战略的解码工作必不可少，事关企业的数字化转型战略目标与员工个人目标的联结与统一。不做数字化转型战略的解码，数字化转型战略就只是停留在各类会议上、文件上的"装饰品"，唯有将企业数字化转型战略进行分析、分解，才能把企业层面的数字化转型战略拆解到每个部门、每个员工身上，从而通过个人 KPI 拉动数字化转型战略的执行和落地。

5. 企业数字化转型战略的执行

没有绩效考核，就不会有执行力。企业设计数字化转型战略结构，就必须制定出与其紧密相关的组织绩效考核系统，只有这样才能将企业内部的力量统一到数字化转型这一目标上来，从而将写在纸面上的数字化战略规划、工作规划转化为有效的生产力。这也是最终检验企业从战略到执行管理成果的最重要指标。

第四节　数字化转型战略落地方案

如果说企业是一座金字塔，那么数字化转型战略就是塔尖，表达的是企业数字化转型"要实现什么"，是至高无上的目标；KPI 就是金字塔副顶尖，它让企业数字化转型战略有了足够的稳定支撑；工作规划则是最重要的塔基部分，尽管它不是金字塔的最底层，但它让 KPI 有了可以落地实行的具体场景，为整个金字塔构建起了一个系统性的组织结构，能够指导最基层的每个人怎么做、什么时候做等。这个完整的金字塔，让企业的数字化转型战略最终以一种崭新的形态呈现在每个组织成员的身上，打通了从战略到执行、从顶层到基层的行动通道。

数字化转型战略落地方案，本质上就是编制企业数字化转型战略规划，主要逻辑是：根据企业数字化转型的价值导向或问题导向，明确好企业数字化转型工作规划的来源；然后按照项目描述、预计产出成果、作业执行人、作业时间、预算规划的具体结构，编制出企业数字化转型的年度工作计划；最后是产出具体的成果。从源头输入到成果产出，形成了一个完整的逻辑闭环，这就是企业数字化转型战略规划编制的整体逻辑。

管理学大师彼得·德鲁克指出："如果一家企业拥有最高的效率，但却运用在完全错误的方向，那它也注定无法生存，更遑论成功。"这句话的意思是说，企业的执行力很强，但如果工作方向不对，那么一切都等于白费。因此，企业一定要把握好编制数字化转型战略规划的方向，以确保接下来的执行工作不偏离轨道。

不管是什么规模、什么行业的企业，只要推进数字化转型，就都非常有必要编制企业数字化转型战略规划。实际上，编制企业数字化转型战略规划并不复杂，即便不是专业人士，只要掌握其编制步骤，也可以按部就班、一步一步地编制出独属于企业的数字化转型战略规划。

第一步：列出组织内部的所有部门。

不同的企业，其内部组织设置上也有很大差别，尽管企业规模有大有小，但基本上绝大部分企业的内部都根据业务需要划分了不同的组织部门，比如常见的业务部、财务部、营销部、售后部、研发部等，且每个部门都承担着不同的工作职责。

在编制企业数字化转型战略规划前，企业首先需要对组织内部的所有部门进行整体梳理，把所有部门都清晰地列出来，然后在企业数字化转型战略的基础上，为每个部门都细化出该部门的数字化转型在整个企业中的定位。

企业的部门设置往往灵活多变，撤销某个项目板块、新设事业部、由于业务需要对现有组织设置进行调整等，都是非常常见的现象，这就要求企业在编制数字化转型战略规划的过程中要有动态性的思维，即当组织部门发生较大变化时，要对已经编制好的企业数字化转型战略规划进行及时调整和修正。

第二步：以组织绩效为目标进行拆解。

拆解的目标是组织绩效，对象是各层级部门以及岗位主要业务活动。一般来说，对于组织绩效，企业既可以按照职能拆解也可以按照流程拆解。WBS是常用的工作分解管理工具，呈树形结构，比如，将企业数字化转型的总任务写在最上方，往下分解为各部门的任务，再由各部门的任务进一步分解为一个个的独立任务，对应到每个具体执行者身上。这种方法，可以让工作可视化，把企业数字化转型的总任务分解成可以有效安排的组成部分。因此，企业可以运用这种方法，对各层级部门和岗位的业务活动进行拆解，进而形成组织绩效。以组织绩效KPI为例，可以将其拆解为部门绩效KPI，然后进一步拆解为个人绩效KPI；可以再辅以时间上的规划，如以"三年规划"为例，拆解为企业数字化转型年度规划，最后再进一步拆解为部门年度计划、岗位工作计划等。

一般来说，编制企业数字化转型战略规划要把远虑与近谋进行合理综合，既要有短安排，又要有长计划。就公司数字化转型的各种工作规划而言，既有期限为三年或五年的长远规划，也有期限为一年、一个季度或一个月的短期生产规划，更有以日、时、分为单位的工作安排。

但不管是一年、三年还是五年，企业编制数字化转型战略规划一定要有合理的期限，这样人们干起来才会有奔头。把企业数字化转型的宏伟愿景分解成可以实现的中短期工作规划，并给它们加上合理的期限，然后依照此去落实、执行，长期坚持，相信企业的数字化转型一定可以成功实现。

无数企业的实践充分证明：只要结果，不管过程的战略执行，注定难以取得好的执行效果。企业在推进数字化转型战略落地的过程中，一定要做好及时、合理的过程控制。一般来说，企业可以通过月度、季度、年度数字化转型相关工作总结的方式来看数字化转型战略执行的结果，可根据实际情况决定是否将相关工作总结与例行的业务会议合并组织召开。

第五节　马太效应在数字化转型战略中的体现

在远古时代，人的活动地域很小，商品的交易主要依赖于人与人的直接沟通，商业版图小，单个个体的影响力也非常有限，消费人群最多可以覆盖本部落和邻近部落的人；到了封建社会，马车、驿站等使得人的活动地域扩大了，商品的交易范围也随之变得更加宽广；到了电气时代，广播、电视等的出现，让传播效能得到了大幅度提高，商业领域的效率也随之提升；在今天的互联网时代，很多经济活动都突破了地理上的空间限制，可以依托互联网完全在线上完成，强大的物流体系可以同步完成商品物权上的转移……

随着经济活动的不断升级，马太效应带来的两极分化也变得越来越突出。近年来，马太效应经常频繁地被经济学界提及。所谓马太效应，实际上是指贫者愈贫、富者愈富，赢家通吃的现象。

马太效应最早出自西方的一则寓言：国王出门远行前，拿出 300 个金币，平均分配给了 3 个仆人，也就是每个仆人都拿到了 100 个金币。国王交代 3 个仆人："你们去做生意，等我回来时，再来见我。"国王回来时，第一个仆人说："主人，你交给我的 100 个金币，我已赚了 1000 个金币。"于是，国王奖励他 10 座城邑。第二个仆人报告："主人，你给我的 100 个金币，我已赚了 500 个金币。"于是，国王奖励他 5 座城邑。第三个仆人报告说："主人，你给我的 100 个金币，我一直包在手帕里，怕丢失，一直没有拿出来。"于是，国王命令将第三个仆人的 100 个金币赏给第一个仆人，说："凡是少的，就连他所有的，也要夺过来。凡是多的，还要给他，叫他多多益善。"

马太效应，本质上是经济学中收入分配不公的现象。实际上，这种赢家通吃、败者灭亡的两极分化，在企业数字化转型方面的体现更加触目惊心。

比如，2022 年"双十一"，某位知名主播一天的预售额就达到了 215 亿元；罗永浩在抖音直播只用了 1 年多的时间就还清了 6 亿元的债务……

在这些头部主播大火特火的背后，是无数中小主播的默默无闻。直播电商领域，可谓马太效应的典型体现，头部大主播们瓜分走了市场 80% 以上的利益，对于中小主播们来说，如果不能冲击进入头部主播行列，那么路只会越走越窄，逐渐走入死胡同，最终在直播领域销声匿迹。

企业的数字化转型也是如此，互联网打破了企业的地理限制，使得企业可以向全世界的消费者兜售自己的商品。以"苹果手机"为例，只要品牌的影响力足够大，全世界的每个人都可能成为它的消费者，这时，销售就变成了一种数据、一种流量，商业的两极分化也就变得越来越明显。

以"6·18"为例，京东联合抖音、快手、B站、微博等 20 余个平台开启了 1000 多场次直播，探索电商直播新形态；联手 1000+ 品牌为消费者带来身心愉悦的购物体验。此外还有 100 多位顶流明星也空降直播间互动，随机为粉丝们清空购物车或解锁冰点折扣。当优质的直播内容遇上海量的低价优品，新的电商活动主场迎来一场史无前例的狂欢。

依托京东庞大的带货主播阵容和供应链能力，京东深化"品质直播"战略，破除单一的直播带货的"买买买"模式，在更丰富的场景中为消费者提供优质购物体验。"6·18"大规模直播贯穿大促全程，白小白、小沈龙、二驴、驴嫂平荣等网络红人和知名演员主播天团空降直播间，以晚会的形式为用户开启直播狂欢。

一边是苏宁、国美等传统电器企业的没落，一边是京东、拼多多等电商平台的快速崛起。这说明在数字网络时代，对企业来说，谁在数字化方面占据了优势，谁就能够占据市场优势，快速成为行业老大。这种客观而又残酷的马太效应，对企业的数字化转型提出了更高的要求。

对于今天的企业而言，面临的是发展的生死局，要么借助数字化转型冲进行业头部，赢者通吃快速提高市场占有率；要么冲击行业头部失败，被头部竞争对手不断蚕食至苟延残喘甚至最后直接退出市场，没有第三条道路可走，也没有中间态。所以说企业的数字化转型，犹如逆水行舟，不进则退，事关企业的生死存亡。

第六节　敏捷、共创和迭代的数字化转型战略

数字化转型战略，是企业数字化转型的核心前提，也是企业数字化转型活动的顶层设计，能够为企业加速转型变革和抢占数字化发展先机提供方向性、全局性的指引。以企业级数字化转型战略为指引推进数字化转型，将大大提高转型效率，使企业有效获取数字化效能。

今天，企业的数字化转型战略具有三大共同特点：敏捷、共创和迭代。

1. 敏捷

互联网、移动互联网的广泛普及，让企业的外部环境更加瞬息万变，

即便是一个小事件，也很可能会突然发酵成全网热点。这种快速的外部环境变化，要求企业的数字化转型战略必须足够敏捷。

2021 年夏，河南洪灾受灾人数将近 1500 万人，很多爱心企业纷纷慷慨解囊、出手援助。鸿星尔克，一个穷到微博账号会员都舍不得开的老牌国产运动品牌，因捐出 5000 万元物资，被广大网友推上了微博热搜。

"鸿星尔克，还是我上中学那会儿出现的一个品牌，感觉已经好多年没有关注了，而它今天做了一件事：向灾区捐赠 5000 万元物资，驰援河南！"

"很多人感觉鸿星尔克这几年都快倒闭了，连广告都很少看到，生意不好还默默捐了 5000 万元，一些劣迹明星都能上热搜，为什么这种爱国品牌就不能？"

"感觉都快倒闭了，还给河南兄弟们捐了 5000 万元，必须支持。"

实际上，在此次捐款事件中，鸿星尔克低调做好事，自己并没有大肆宣传，也没有充足的经费用于这一事件的宣传。2020 年鸿星尔克的营收仅有 28.43 亿元，亏损 2.2 亿元，穷到连微博账号会员都不舍得开，却舍得在河南受灾时捐出 5000 万元的物资，被有心网友发现后，迅速成为全网热点。

鸿星尔克官方账号一夜之间暴涨 90 万粉丝。平时只有四五万元销售额的直播间，一夜之间卖出 1400 多万元。主播大喊，理性消费，宝贝们。网友狂刷，野性消费，买买买。网友们看到鸿星尔克穷到连微博账号会员都没开，"一怒之下"给它充了100多年的会员。

实际上，在互联网时代，像鸿星尔克一样在极短时间里遇到外部环境突变的情况非常常见，倘若数字化转型战略不具备敏捷性，不能根据环境变化快速做出反应，那么即便是千载难逢的机会来了，企业也难以抓住。

2. 共创

企业自身的数字化转型战略不应该是一个数字化孤岛。数据只有在不断的快速流动中才能产生更大的价值。企业的数字化转型战略，应当是开放和包容的，只有与合作伙伴、消费者、内部员工等共创共享，才能带来意想不到的收获。

以 IBM 的数字化转型为例，在数字化转型的道路上，IBM 一直致力于打造一个广泛开放的数字化生态系统，其最新主张就是"携手共创"，在 2022 年的数字化生态建设重点也是共创共赢新生态。

春江水暖鸭先知，在 IBM 的数字化转型中，合作伙伴最先感受到了 IBM 的变化。IBM 升级 Partner World 业务合作伙伴计划，支持合作伙伴以灵活多样的方式在 IBM 开放的云平台开展应用开发、代码开发、知识产权整合等业务。同时，IBM 借助新的能力框架、技能发展和云拓展基金，通过混合云和人工智能技术帮助合作伙伴实现客户的数字化转型。

实际上，早在 2021 年，IBM 就让更多数字化技术和服务专家走到客户与合作伙伴当中去"携手共创"。IBM 中国开发中心为中国客户量身定制了一个"IBM 鲁班计划"，在中国实验室里搭建了一个混合云和 AI 的完整架构，供客户和合作伙伴参照并使用。

除了与合作伙伴实现数字化共创，为了让企业的数字化转型战略的制定和执行不脱节，让内部组织成员参与到战略的制定中来也是非常必要的。通过用共创的方式制定企业的数字化转型战略，更容易做到数字化转型战略的"知行合一"。

3. 迭代

随着时间的推移，市场环境必将不断发生变化，数字化技术也会不断升级换代，要想让企业在数字化方面永远立于不败之地，其数字化转型战略就必须不断迭代。

一个完整的企业数字化转型迭代过程，可以划分为三个阶段：数字化转型规划、变革项目实施、持续迭代。实践是检验真理的唯一标准，企业可以通过对数字化转型战略的执行来发现问题和解决问题，从而对数字化转型战略进行迭代。此外，随着外部环境、内部组织、核心业务等的变化，企业原有的数字化转型战略也会变得不合时宜，这时也需要根据企业的实际情况对数字化转型战略进行升级调整和迭代。

第四章
组织跟进：数字化组织转型

数字化转型不是"短期行为"而是"长期建设"，不是"部门数字化"而是"一把手工程"，不是"个人需求"而是"共同需求"，需要动态、灵活的组织结构。

第一节　数字化转型重点在于组织的适应性

企业数字化转型的关键不在于数字化，而在于组织的适应性。再好的数字化转型战略，如果组织难以适应，那么不仅无益于企业的数字化转型，还很可能加速企业的衰败和倒闭。

既然数字化转型的重点在于组织的适应性，那么企业如何才能诊断出数字化转型与组织的适应性是否匹配呢？

企业数字化转型战略的执行要依托于组织，但在现实管理活动中，数字化转型战略和组织往往会产生不匹配之处，正是两者之间的错位，容易导致企业"疾病"。

人生病了，要求助于医生来诊断；企业"生病"了，就需要用专业的诊断工具来解决。诊断工具可以客观、真实地呈现企业数字化转型存在的问题，帮助管理者找出"病灶"，为打通从数字化转型战略到组织执行奠定坚实的基础。

企业可以使用6个盒子这一诊断工具，来判断企业数字化转型与组织的适应性情况。

　　6个盒子，也叫韦斯伯德的六盒模型，是一种实用且简单的组织诊断工具。企业可以借助6个盒子"了解企业现状""展望数字化转型未来"，并在现状与未来之间搭建起一座桥梁，帮助企业建立组织大图。

　　6个盒子，顾名思义，就是可以从"使命/目标、结构/组织、关系/流程、奖励/激励、支持/工具、管理/领导"六个维度对组织进行诊断。

　　以诊断数字化转型与组织的适应性为例：

　　使命/目标，在这一维度，主要深入分析两个层面：一是组织是否有清晰的数字化转型使命和目标？数字化转型的使命和目标具体是什么？二是组织成员是否理解组织的数字化转型使命和目标？是否认同组织的数字化转型使命和目标？是否愿意为实现组织的数字化转型使命和目标而努力？

　　结构/组织，在这一维度，主要深入分析如下两个层面：一是组织内部的数字化转型相关工作是如何被分配的？是否有一套清晰、完整的工资分配制度或方法？二是组织内部对于数字化转型相关工作的分配是否合理？如果有不合理的地方，哪里不合理？为什么不合理？怎样调整和修正会变得合理？

　　关系/流程，在这一维度，要深入分析的问题有两个：一是组织各部分在数字化转型上的协调方式是怎样的？二是缺乏协调是否会造成矛盾？如果企业存在缺乏协调造成的矛盾，那么就要运用这一维度的深入分析，通过调整组织内部的协调方式或程序，找出加强数字化转型协调的办法。

奖励／激励，在这一维度，企业首先需要针对所有要完成的数字化转型任务进行一遍考察，考察的内容包括：每一个数字化转型任务是否都有对应的奖励措施。倘若企业的很多数字化转型任务都缺乏奖励措施，那么很显然问题找到了。此外，还要深入分析奖励措施对数字化转型任务达成的影响，看是促进了任务的达成还是起到了反作用。

支持／工具，在这一维度，要重点关注并分析支持组织数字化转型工作的流程和系统是如何运转的，这种支持是否足够？如支持不够的话，做些什么可以增强支持力度。

管理／领导，这是最后一个盒子，用于密切观察上述 5 个盒子中的非正常事件或意外结果。在这一维度，要重点分析的问题有两个：一是组织的管理和领导是否确保其他 5 个盒子处于均衡状态？二是当其他 5 个盒子失衡时，采取什么样的行动可以快速修正组织，使其处于一个平稳、健康的状态？

6 个盒子是一个作用非常多样化的诊断工具，具体来说，可以发挥盘点、诊断、沟通、平台四大作用。

盘点，即企业可以运用 6 个盒子对组织的数字化现状进行盘点，具体盘点方法即通过 6 个维度分别进行分析，并最终输出结果。

诊断，即企业可以运用 6 个盒子建立全面的组织视角，既可以微观分析单个问题，还可以看到组织的全面。这种全局与局部视角的结合，可以让企业更好、更客观地诊断出组织在数字化过程中存在的问题。

沟通，即 6 个盒子本身就是一套简洁的语言，能够帮助组织高效、顺畅地沟通。如果企业内部在数字化转型方面存在较大的沟通方面的问题，那么强烈建议使用 6 个盒子这一工具来改善组织沟通。

平台，即企业可以借助 6 个盒子搭建一个 HR 和业务平台，双方在一张大图上工作，可以让工作变得更高效。

总的来说，可用于诊断数字化转型与组织的适应性情况的工具很多，但不同的诊断工具，其适用的场景和企业类型也各有不同，企业在对组织进行诊断时，要结合自身的特点和实际情况选择合适的诊断工具。

第二节　数字化转型是一把手工程

世界顶级领导力专家约翰·科特，在谈到领导变革时认为："如果变革涉及整个公司，CEO 就是关键，如果只是一个部门需要变革，该部门的负责人就是关键。"企业的数字化转型是涉及整个公司的系统性工程，这也就决定了数字化转型一定是一把手工程。

在整个企业当中，只有一把手能够站在全局的视角从战略的高度来综合看待企业的发展，也只有高瞻远瞩的一把手，才能够引领整个组织的数字化变革，即便是核心业务的部门负责人或数字化部门，也很难代替一把手，难以牵动企业全局性的变革。

企业的数字化转型需要投入大量资金、人力，可能历时几年才能够转型成功，投入高、周期长、见效慢，而且存在一定的风险，并不是每个推进数字化转型的企业都可以转型成功，也有部分企业因进行数字化转型反而加快了倒闭的步伐。在整个企业的内部组织中，只有一把手拥有调动一切资源的能力，也只有一把手才拥有全局性的决断能力，可以承担由此带来的一系列风险和问题。

只有一把手能够大胆地、持续地为数字化转型源源不断地注入资源，也只有一把手才能在数字化转型问题上拍板决策，让其得以落地实施，否则即便勉强落地，没有一把手推动，企业的数字化转型也多半会以失败而告终。

企业的数字化转型，表面上看是数字化，但核心是变革，变革也就意味着利益的重新分配，这就必然会触动组织内部以及相关人员的利益。企业的数字化转型会重构业务，不同部门之间会出现利益冲突，员工的绩效考核也会发生变化，如果不能打破这些阻力，转型之路必然布满荆棘，甚至会无声地沉寂。而只有企业的一把手，才有能力协调组织内部的这些错综复杂的利益关系。

麦肯锡在全球范围调研了800多家传统企业，结果显示，尽管已有70%的企业启动了数字化，但是其中71%的企业仍然停留在试点阶段，85%的企业停留的时间甚至超过一年以上，迟迟不能实现数字化的规模推广。

之所以会出现这种现象，主要是由于企业的业务、技术以及组织转型中存在着种种陷阱和障碍，而企业的一把手却不够"强有力"，无法平衡和快速解决它们。

一般来说，数字化转型成功的企业会形成新的蓝图、新的愿景，而那些仍在探索中的企业，本质上是企业的一把手在数字化转型方面下的决心还不够。

麦肯锡访谈了很多一把手，知道了在数字化转型中，一把手究竟起着什么样的作用，其实就 3 个字：下决心。凡是数字化转型做得好的企业，一定会从新的使命、新的愿景开始。现在，所有人都认识到数字化转型的结果：一切企业都会变成科技企业。变化就意味着要转型，一把手要下这么大的决心，一定是从学习开始，然后是组织转型、人的转型、文化转型，而数字化转型最根本的是人的转型。

以 ERP 为例，没有一把手的支持，企业是根本实现不了使用 ERP 系统的；但企业的数字化转型要比装 ERP 系统复杂得多，只有一把手的支持是远远不够的，还要一把手起到引领的作用，甚至亲力亲为。

三一集团董事长梁稳根作为一把手，在三一集团的数字化转型过程中发挥了非常重要的作用，他亲自牵头，设置了大步快跑、大胆试错的模式，给每个事业部、每个子公司都设定了数字化转型预算，并要求他们必须把预算全部花完。梁稳根给三一的数字化转型设置了 5 年的周期，所有数字化转型的投入必须能够在最长 5 年内收回成本，以此来规范每个事业部、每个子公司的花钱行为，让每笔资金都花到刀刃上。

美的集团董事长方洪波认为："数字化应该是 CEO，而不是 CIO、CTO 要考虑的问题。"因此，企业数字化转型的推动一定是一把手工程，如果一把手不推，永远推不动。一把手想推，再大的困难也能解决。

第三节　一把手的数字化领导力打造

既然企业的数字化转型是一把手工程，那么一把手依靠什么来推动企业的数字化转型呢？答案并不复杂——数字化领导力。

所谓数字化领导力，简单来说，就是一把手带领企业成功实现数字化转型的能力，既包括传统的、基本的领导力，也包含数字化转型特有的领导力。只有企业一把手，才能够把数字化转型的价值观化为行动，把数字化转型成功的愿景化为蓝图，把障碍化为创新，把分裂化为团结，把冒险化为收益，才能够激励其他组织成员自愿地做出卓越成就。

那么，对于企业一把手来说，要如何打造自己的数字化领导力呢？

第一步：广泛学习。

世界上没有生而知之的人，数字化转型对于企业来说是一个新课题，对于很多企业家、管理者来说也是一个崭新的知识领域。作为企业一把手，要与时俱进地学习，不能停留在过去的功劳簿上。这是一个瞬息万变的时代，新信息、新知识诞生的速度非常快，如果缺乏主动学习、积极学习的心态，那么一定会被社会所淘汰。

万丈高楼平地起，要想打造超强的数字化领导力，就要先从广泛的学习开始。学习数字化相关的知识，学习数字化技术，从书本中学，从组织内部互相交流中学，从企业外部大环境变化中学。今天，互联网让学习变得低成本、更便捷，一把手要充分运用各种机会广泛地学习数字化转型的相关知识。

第二步：提升认知。

一把手对数字化转型有正确的认知，才能带领企业找到一条数字化转型的正确道路。不提升对数字化转型的认知，无异于蒙着眼睛走路，掉进坑里摔倒是迟早的事情。而前瞻性思维、对数字技术的敏感性、对行业数字化的洞察力，都是至关重要的，这些都源于一把手的认知。

但这些认知也不是凭空产生的，而是要建立在广泛学习的基础之上。只有持续性地学习他人的成功经验、失败教训，了解大数据、人工智能、区块链、云计算等数字化相关的知识，才能量变引发质变，最终形成认知。

广联达董事长刁志中认为："你永远赚不了认知以外的钱，领导者的认知就是企业发展的天花板，认知的局限和思维的僵化是一个企业发展的最大障碍。要打破认知的天花板，唯有持续的学习，外学标杆，内做复盘。"

第三步：行为促动。

有了正确的认知，就要将其转化为行动。一把手要着力构建学习型组织，根据数字化转型的需要推动组织内部的架构调整、人员调整，打造出适合数字化转型的企业文化，营造出积极向上的企业氛围。

三一重工董事长梁稳根的做法可以为我们提供一定的参考。在推进三一数字化转型的过程中，梁稳根在每周的高管午餐会上，都会让参与午餐会的 30 个高管回顾当前数字化转型项目的问题，周六扩大到 80 多个高管讨论数字化转型问题，月例会让更多人参加。这对于营造数字化转型的企业文化和氛围非常有帮助，同时也为组织内部的架构和人员调整打下了很好的基础。

第四步：亲力亲为。

亲力亲为，顾名思义就是企业的一把手在推动数字化转型的工作上要亲力亲为，推动数字化转型预算的制定，协调好相关资金、人员等的投入，并保证投入的可持续性；推动数字化转型项目和相关的流程、机制的制定；推动数字化人才的招聘，加强组织成员数字化常识培训，并推动与数字化转型相适配的绩效考核方案，激励全员做好数字化转型相关的工作。

第五步：开拓创新。

企业的数字化转型，细化到组织层面，本质上是一种开拓创新。数字化转型会带来新的业务，衍生出新的组织，产生新的数字化流程，也会多出不少新工作。这就要求一把手必须要有开拓创新意识，要紧跟企业数字化转型步伐，掌握开拓创新的主动权，尽早搭建数字化相关的培训体系，带领组织全员走好这条数字化转型之路。

第六步：效果复盘。

实践是检验真理的唯一标准。一把手在推动企业数字化转型的过程中，一定要重视并做好效果复盘，这对于提升一把手自身的数字化领导力大有裨益。具体来说，效果复盘可以从业务变革性、组织敏捷性、流程高效性、流程价值性、客户满意度、员工满意度六个维度来进行评估。

总的来说，一把手数字化领导力的提升并不能速成，需要长时间持之以恒地努力，以及反复实践的打磨与淬炼，万不可急于求成。

第四节　组织结构的数字化创新转型

组织是由多个个体组成的，当组织内所有个体都使用同一种语言模式，使用正确的工作方法，统一思考逻辑，拥有共同的目标，执行步调一致时，就会产生 1+1>2 的力量。但在实际的组织状态中，我们经常看到的却是这样的现象。

组织内个体与个体之间"鸡同鸭讲",部门领导传达的内容,到了员工这里就出现了理解的问题,沟通损耗、沟通低效率、沟通不顺畅等情况,严重影响着组织效率。

组织内个体与个体之间的关系不融洽,不同个体之间的情绪碰撞、立场碰撞、思想碰撞,形成了这样或那样的矛盾,进而大大增加了组织内耗,原本一致对外的力量被削弱,最终影响到公司战略的执行与落地。

组织内部对目标存在不同的声音,以不同目标声音为中心,整个组织分化为不同的阵营,不同阵营之间陷入互相争吵、互相抵制的状态。

在具体执行的过程中,组织成员之间的配合总是不一致,总会因为这样那样的原因,导致个别人拖后腿等。

......

如果企业做不好组织结构的数字化创新转型,那么即便数字化转型的战略目标是合理的,转型路径是正确的,最终也会因为组织在行动中存在的种种问题而导致数字化转型的失败。

数字化转型研究者 Nathan Furr 和 Andrew Shipilov 认为:"数字化转型最好的结果来自适应而非再造。他们通过访谈 60 多家公司和数百名企业高管指出,对大多数公司而言,数字化转型意味着通过渐进性步骤传递核心价值主张,而非根本性破坏。数字化转型的关键在于,关注用户需求、组织柔性及尊重渐进变化等,以不断抓住数字技术带来的机遇。"

从这个层面上来说,组织结构的数字化创新转型应当是循序渐进的和有一定柔性的，只有这样才能尽可能减少组织结构变化带来的阻力，把所有组织成员都统一到数字化转型这一共同的目标上来。

企业数字化转型战略扮演着大脑的角色，组织中的各部门则是躯干和四肢，各部门的员工则是骨骼和血肉。要想让躯干、四肢跟随大脑行动，就要做好数字化转型战略的拉通工作，倘若部门的数字化转型拉通战略工作没有做到位，各部门之间的配合就会出现不协调，进而出现"同手同脚""两条腿打架"等情况，自然就会导致整个组织行动不畅、效率低下。

那么，具体来说，要怎么做呢？

1. 明确划定各部门数字化转型的"责任田"

明确各部门在数字化转型中的职权是拉通战略的基础，倘若各部门之间数字化转型的"责任田"划分不清楚，那么就会出现部分事务"互相踢皮球"，出问题后"互相甩锅"的现象；或者有些事务因为没有明确归属，而成为"三不管"的问题等。在这种情况下，无论拉通战略做得多么到位，实际价值也会大打折扣。也就是说，只有在各部门数字化转型职责清晰的基础上，拉通战略才有价值。

2. 建立畅通的跨部门沟通渠道

部门与部门之间，之所以会出现"信息不对称""战略执行不同步"等问题，很大一个原因就是缺乏及时、快速、有效的跨部门沟通机制与渠道。企业推进组织结构的数字化创新转型，尤其要重视跨部门沟通渠道的建立和畅通。

在数字化转型的过程中，企业的组织结构也会随之发生变化，这种变化会大大增加跨部门沟通的难度。这就要求企业要在组织内部建立高效的跨部门沟通渠道，保持定期、及时、有效的沟通。需要注意的是，跨部门沟通，要想实现高效，就必须由具有决策权的高层管理者组织牵头，否则跨部门沟通就会演变成部门与部门之间的"吵架""扯皮"，难以发挥出应有的作用。

3.重大事项实行专项式拉通

组织结构的数字化创新转型中，既有长期任务，也有短期任务；有紧急任务，也有非紧急任务。因此，对这些各种各样的任务进行紧急、重要程度的优先级排序，就显得非常重要。尤其是事关组织结构是否调整、怎样调整、什么时间调整等关键的重大事项，十分有必要实行转型式横向战略拉通，一切以事项的快速执行为目的，需要跨部门沟通的，随时进行沟通；需要哪些部门提供怎样的配合协助，则这些部门将其视为部门优先级最高的任务而无条件给予大力支持。如此一来，才能够充分保证组织结构数字化创新转型中的重大事项能够有效执行和成功落地。

俗话说，凡事预则立，不预则废。企业要想做好组织结构的数字化创新转型，必须画出明确的时间线，做好资源上的投入。每个计划项目的开始时间和结束时间都要明确好，同时也要明确出责任人，做好相应的投入预算。

第五节　数字化转型人才的吸纳

今天，企业与企业之间的竞争早已经演变成了人才的竞争。企业的数字化转型，归根结底还是需要人来推动，而数字化转型能否成功，关键在于数字化转型人才的力量和水平。

在企业的数字化转型中，数字化转型人才的吸纳和人才梯队培养是非常重要的组成部分。人才的吸纳和人才梯队的培养不是一朝一夕的事情，而是贯穿企业数字化转型的全过程，要长期坚持去做。

在市场经济环境下，企业可以通过招聘来吸引所需要的数字化转型人才，但仅依靠招聘等市场手段，是难以彻底解决数字化转型人才梯队建设问题的。

总的来说，原因主要有两个方面：一是人力市场是一个双向选择的市场，企业渴望招聘到优秀的数字化转型专业人才，但与此同时优秀的数字化转型专业人才也会面对众多的就业选择，没有哪个企业可以一直做到行业薪酬顶尖，即便是做到了，也有一些人才在选择就业时会考虑其他层面的情况，这就意味着，很多时候企业并不能随心所欲及时招聘到合适的数字化转型人才，然而企业数字化转型战略不等人，为了达成组织战略，不管能否招聘到合适的数字化转型人才，企业都必须对现有组织成员——员工进行助力，才有望推动数字化转型战略的顺利达成。二是企业的发展、市场的趋势都是处于不断变化之中的，今天企业招聘到了合适的人才，然而随着企业的发展或市场风向的变化，人才也可能会出现技能短缺等状况，这时，要想充分激活人才，企业就必须以"员工发展"为导向采取一系列举措来提升员工的数字化素养，助力企业数字化转型战略的达成。

1.构建数字化转型人才发展体系

学习型组织的理论创始人彼得·圣吉认为，学习型组织构建的头号障碍是它太花费时间，太需要耐心、毅力和奉献精神。构建数字化转型人才发展体系，就是要关注组织中的每个员工，为他们提供发展空间。企业管理者可以运用能力模型来深度认识每个员工，并根据每个人的情况为其提供合适的发展空间。

此外，任职通道的设计也是至关重要的一环。有相当一部分员工的离职其真实理由就是"没发展"，如果没有升职或者职业成长的空间，一旦时间久了，员工要么会因此而流失，要么会陷入职业倦怠，严重影响工作积极性和工作效率，但无论是哪个结果，都是企业管理者所不愿意看到的。为每个数字化转型岗位都设置任职通道，能够很大程度上激发员工的积极性，同时也为员工树立了一个目标，有助于他们不断进取。

需要注意的是，并不是所有任职通道都是单向的，有些企业会给员工提供多样化的任职通道选择，员工可以根据个人的发展意向，选择是朝着技术、技能型方向发展，还是朝着管理方向发展。此外，还有一些企业提供去分公司、开拓海外市场等多种发展机会。

2. 构建绩效激励体系

在互联网上，有很多"打工人"的网红段子，其中有一条火遍全网，"不要和我谈理想，我的理想是不上班"。实际上，绝大部分员工，之所以坚持努力工作，就是为了赚钱。因此，企业要想调动员工的工作热情，光"画饼"谈"奉献"是没用的，必须有真金白银的激励，才能真正打动员工。

企业要构建绩效激励体系，这是激发数字化转型人才工作热情的最有效工具。一般来说，绩效激励体系主要包括薪酬绩效、股权激励、回报体系三大部分。不同的企业，其绩效激励体系也不同，有奖励房子、车子的，有回馈员工父母、家人的，有提供带薪进修机会的，也有提供创业孵化资金的……

不论制定什么样的激励措施，一定要遵循短期激励与长期激励相结合的原则，只有这样才能让骨干员工积极地去思考一些长远的目标。

3. 构建组织治理体系

没有方向，就没有目标。而组织治理体系，就可以解决数字化转型人才工作方向的问题。总的来说，组织治理体系主要包括以下三个方面的内容。

一是组织变革。组织从来都不是一成不变的，变化意味着新的机会，"总公司未来 × 个月会提拔 × 名数字化转型管理干部"这种关于组织变革的信息，相信数字化转型人才一旦得知，就会迅速有了努力的方向，从而积极主动地朝着目标靠拢。

二是价值链和岗位价值度。人是社会化动物，会思考"我为什么而活""我为什么而工作"等哲学问题，因此寻求工作的意义也是每个人的本能，当人发现自己所做的事情没有价值和意义的时候，他们一定会在行动上做出改变，比如写辞职信或消极怠工等。因此，企业要赋予每个数字化转型岗位以价值，并同时为每个岗位的数字化转型人才构建起价值链，让他们能够在工作中实现自我价值。

三是组织效能。企业要设定组织效能，并把组织效能层层拆解，进而细化到每个数字化转型岗位，这是必要的，也是事关企业生死存亡的。

人才发展体系、绩效激励体系、组织治理体系，打造好这三大体系，企业就可以真正激活数字化转型人才，让数字化转型人才有能力、有热情、有方向。如此一来，又何愁数字化转型战略无法执行落地？数字化转型战略目标无法达成呢？

第六节　企业文化的数字化转型

任正非曾经说过，世界上一切资源都可能枯竭，只有一种资源可以生生不息，那就是文化。在企业数字化转型的组织运营过程中，企业文化的数字化转型是最难的，因为战略、战术可以模仿和复制，唯有企业文化难以模仿和复制。

实际上，在企业的数字化转型中，技术层面的数字化并不是最具挑战性的，更具挑战性的是企业文化的数字化转型。很多企业的数字化转型失败，一个非常重要的原因就是包括认知和思维方式在内的企业文化没有转变。

波士顿咨询集团的一项调研显示：重视文化变革的企业，其数字化转型成功率达到90%；而忽视文化变革的企业，其数字化转型的成功率只有17%。企业文化的数字化转型是非常重要的，对于增强组织向心力、提升组织数字化转型的执行力具有不可替代的作用。

微软大中华区副总裁康荣认为："数字化转型最重要的是文化转型，只有自上而下形成共识，才能转型成功。"企业文化数字化转型的重要程度，已经形成了商业共识。路易威登集团前任首席数字官 Ian Rogers 也曾明确指出："成败的关键时刻，还得看企业或组织在进行数字化转型的过程中是否已经接受了这不是技术问题而是企业文化变革的事实。企业文化变革是数字化转型的前提。"

在全球数字化转型专家 Brian Solis 看来，企业文化的数字化转型的七大关键点如下。

1. 创新

企业要积极支持各部门和员工的冒险行为，尽管这可能会带来一定的风险和损失，但还是要鼓励各部门和员工形成颠覆性思维，主动营造出探索新思想的团队氛围。

2. 数据驱动的决策

企业要带动各部门和员工积极借助数据挖掘和分析等，来提升业务能力、决策能力和工作效率等。

3. 合作

1+1 是大于 2 还是小于 2，合作起到关键作用。数字化的企业文化一定是合作更加高效、顺畅的，因此企业要积极创建跨职能、跨部门的团队，来提升组织在推进数字化转型工作中的协作能力。

4. 开放文化

企业的数字化转型并不是孤立的，要在组织内部积极打造开放文化，鼓励各部门与员工积极加深与第三方供应商、客户、消费者的数字化合作程度。企业内部一旦形成了开放文化，对新技术、新信息的收集和接受能力，也会获得一个明显的提升。

5. 数字第一思维

要推动组织成员形成数字解决方案的思维方式，不管遇到什么困难或问题，都鼓励使用数字化的解决方案，这将会大大推动企业数字化转型的进程。

6. 敏捷和灵活性

在数字化转型的过程中，企业要想适应不断变化的需求和技术，其决策就一定要追求速度和执行力。敏捷而又灵活的文化氛围，对于企业快速决策是非常有帮助的。

7. 以客户为中心

数字化的企业文化也一定是以客户为中心的，因此企业要积极打造利用数字化解决方案提升客户体验的整体氛围。

总的来说，数字化的企业文化可以给企业数字化转型提供思考方式和行为准则，从而引导所有企业成员采取恰当的行动助力数字化转型。企业可以通过培育数字化文化，加强全体员工对数字化的理解，引导其转变传统思维模式。而一旦数字化转型的意识深入了人心，行动的阻力就会小得多。

在企业的数字化转型中，人的因素是最关键、最重要的，而人的因素最终体现在文化和思维的数字化创新变革上。如果传统企业的文化不转型，那么数字化转型必然会被原有的文化惯性拉回原有的轨道上。只有对企业的底层文化进行数字化变革，营造良好的数字化转型氛围，企业的数字化转型才能从根本上实现。

俗话说，带兵就是带心。所谓的"心"，其实就是企业的文化建设，三流的企业人管人，二流的企业制度管人，一流的企业文化管人。没有企业文化的数字化转型，没有将数字化与员工紧密连接起来，企业就很难在数字化转型道路上获得成功。

第五章
模式设计：数字化商业模式打造

商业的游戏规则正在被数字化改写，数字智慧正在缔造新的商业生态文明。打造数字化商业模式，赋能企业开启第二成长曲线。

第一节　传统商业模式和数字化商业模式的
区别与利弊

管理学大师彼得·德鲁克曾说过："当今企业之间的竞争，不是产品之间的竞争，而是商业模式之间的竞争。"商业模式就是关于企业"做什么，如何做，怎样赚钱"的综合体，选择什么样的商业模式，就会走一条什么样的路。商业模式选对了，就等于成功了一半。

总的来说，目前主流的商业模式主要有两大类：传统商业模式和数字化商业模式。小区门口的馒头店，购买面粉做成馒头，卖一个馒头赚 1 角钱；会理发的托尼，开了一个小理发店，剪发一次 30 元……这类商业模式就属于传统商业模式。搜索引擎，依靠竞价排名赚得盆满钵满；上大学的小丽在 ×× 平台上做美妆直播，粉丝几百万，打赏拿到手软；银行的理财经理通过在 ×× 平台上分享理财知识来培养客户；奶茶店，通过打造网红产品来增加营业额；滴滴、美团等互联网平台通过从订单中抽成来赚取利润……这类商业模式则属于数字化商业模式。

要想对商业模式有一个深刻的认知，光靠观察商业领域中的商业模式以及商业行为是远远不够的。凡事都要透过现象看本质，加深对商业模式的认知也是如此。那么传统商业模式和数字化商业模式究竟有什么区别呢？

1. 业务重心不同

从业务重心来看，传统商业模式一般是制造业经济，以"产品"为中心，更关注产品、业务、利润；数字化商业模式一般属于客户经济，一切以客户为中心，更关注客户体验，会深度开发客户全生命周期，重视客户体验平台建设。

硅谷科技思想家、《连线》杂志创始主编凯文·凯利，被人们亲昵地称为KK，他所著的《技术元素》一书中的那篇《一千个铁杆粉丝》广为人知。KK认为："要成为一名成功的创造者，你不需要数百万粉丝。为了谋生的话，作为一名工匠、摄影师、音乐家、设计师、作家、App制造者、企业家或发明家，你只需要1000个铁杆粉丝。"

那么什么样的粉丝是"铁杆粉丝"呢？对此，KK的定义简单而直接，即"购买你任何产品的粉丝"。从商业或营销的专业角度来说，"铁杆粉丝"实际上就是让客户生命周期价值最大化的一种人或物，人们常说的"粉丝经济"，就是建立在开发客户生命周期最大价值基础之上的一种数字化商业模式。从现实角度来说，明星、网红等群体是开发客户生命周期价值的最典型代表，由此衍生出来的一些网红品牌也在极大地开发客户生命周期的最大价值。

2. 营销策略不用同

传统商业模式的营销对象是自然人，营销者对营销对象的了解是停留在浅显层面的，而数字化商业模式的营销对象是基于明确的数据库对象，在互联网大数据面前，每个消费者都可以实现精准的大数据画像，从性别、年龄到收入、消费水平以及消费偏好、消费习惯等，数字时代大大加深了营销者对消费者的认识和了解，这也意味着营销的精准度更高。

传统商业模式的营销是一种"广撒网"式营销，而数字化商业模式的营销则是"精准"式营销。在电视台投放广告是传统营销中最常见的做法，尽管这种简单粗暴的营销方式曾诞生过无数家喻户晓的名牌产品，但互联网的快速发展以摧枯拉朽之势解构了传统主流媒体的权利。互联网的发展和自媒体的兴起，打破了传统媒体组织的垄断式"传播权"，媒体权利被技术发展成功解构，营销的门槛和成本大大降低，与此同时，营销难度却呈几何级增加。

3. 合作生态不同

传统商业模式的收入模型是收入 = 单价 × 产量。这就决定了传统商业模式的企业在合作生态上会更关注供应商数量、资产情况等。数字化商业模式的收入模型是收入 = 单客户收入 × 客户量。因此在合作生态上会更关注链接的多样性、价值链闭环等。以小米的智能家居为例，从台灯到电扇，再到冰箱、空调、电视，都可以接入小米打造的价值链闭环中，这种合作生态不仅可以给用户带来更好的体验，还可以满足客户的全方位需求，从而实现增收。客户使用了小米的手机和电视机，自然有内容消费的需求，而从内容消费角度来连接客户，也是数字化企业的生态合作特点。

总的来说，与传统商业模式相比，数字化商业模式具有无可比拟的优点：一是降低成本。企业可以通过买方聚合、基于消费的定价、反向拍卖、透明的原材料价格等来获得成本优势。二是提升客户体验。企业借助数字化，可通过即时满足客户需求，完成个性化定制，提升自动化程度等来为客户提供更优质的体验。三是可以构建平台。数字化市场、众包、社区、生态系统、数据集成等平台可以为企业的发展注入更多的活力，带来更多的机遇。

对于商业模式而言，这是一个超预期的时代，当中国企业遇上互联网数字浪潮，旧的传统商业模式进入了大灭绝时代，但是新的数字化商业模式却进入了"寒武纪大爆发"时期。崩溃和重生，是在同一个时空里发生的。如果不想被淹没，企业就必须推进数字化转型。

第二节　如何构建数字化商业模式

既然数字化商业模式比传统商业模式更有优势，那么对于企业来说，具体应该如何构建自己的数字化商业模式呢？

好的数字化商业模式不是一拍脑门儿就能想出来的，而是需要借助科学的工具和正确的方法，例如，用商业模式画布输出数字化商业模式就是一个实用又高效的方法。

商业模式画布（Business Model Canvas，EMC），是一种能够帮助团队催生创意、降低猜测、确保找对目标用户、合理解决问题的工具，是用来描述商业模式并使商业模式可视化的一种重要语言，它包含客户细分（CS）、价值主张（VP）、渠道通路（CH）、客户关系（CR）、收入来源（RS）、核心资源（KR）、关键业务（KA）、重要合作（KP）、成本结构（CS）共9个模块。

1. 客户细分模块

客户细分是企业服务与客户群体的分类，每个企业和机构都会特定地服务某部分或某几部分客户。值得一提的是，客户细分指的是我们的目标用户，简单地说，客户细分模块就是用来描绘一个企业想要接触和服务的不同人群或组织。

对于这个模块，我们需要解决的关键问题有两个：一个是我们正在为谁创造价值；另一个是谁是我们最重要的客户。

2. 价值主张模块

价值主张模块描绘的是为特定客户细分创造价值的系列产品和服务，可以简单地理解为我们能够为客户带来什么样的好处。

对于这个模块，我们需要解决的关键问题有4个。

（1）我们应该向客户传递什么样的价值？

（2）我们正在帮助客户解决哪一类难题？

（3）我们正在满足哪些客户需求？

（4）我们正在提供给客户细分群体哪些系列的产品和服务？

3. 渠道通路模块

渠道通路是企业服务流程中的客户接触点，我们通过什么样的渠道和客户产生的联系，是线上还是线下的或者其他渠道等，进而传递我们的价值主张。

对于这个模块，我们需要解决的关键问题有6个。

（1）通过哪些渠道可以接触到客户细分群体？

（2）现在如何接触到他们？

（3）渠道如何整合？

（4）哪些渠道最有效？

（5）哪些渠道成本效益最好？

（6）如何把渠道与客户的例行程序进行整合？

在不同的阶段，渠道通路有不同的功能，依次是提升公司产品和服务在客户中的认知、帮助客户评估公司价值主张、协助客户购买特定产品和服务、向客户传递价值主张、提供售后支持。

4. 客户关系模块

客户关系是指企业和客户建立的关系以及如何维系关系，当客户开始接触产品之后，我们要与客户建立起一个关系，从而达到与客户长期合作的目的。

该模块是描绘公司与特定客户细分群体建立的关系类型，需要解决的关键问题有 4 个。

（1）我们希望与每个客户细分群体建立和保持怎样的关系？

（2）我们已经建立起哪些关系？

（3）这些关系成本是多少？

（4）如何把它们与商业模式的其余部分进行整合？

5. 收入来源模块

企业向客户提供价值所获取的收入即收入来源，收入来源模块是用来描绘公司从每个客户群体中获取的现金收入的。对于该模块，需要解决的关键问题有 4 个。

（1）什么样的价值能让客户愿意付费？

（2）他们现在付费购买的是什么？

（3）他们是如何支付费用的？

（4）他们更愿意如何支付费用？

6. 核心资源模块

核心资源是指企业为了让商业模式有效运作所需要的资源，该模块是描绘让商业模式有效运转所必需的最重要因素。对于这个模块，我们需要解决的关键问题有 4 个。

（1）我们的价值主张需要什么样的核心资源？

（2）我们的渠道通路需要什么样的核心资源？

（3）我们的客户关系需要什么样的核心资源？

（4）我们的收入来源需要什么样的核心资源？

7. 关键业务模块

关键业务模块是指企业为让商业模式有效运作所需要执行的关键业务活动，简单地说就是企业如何才能盈利，是企业必须做的最重要的事情。关键业务可分为三类：制造产品，其关键业务与设计、制造及发送产品有关；问题解决，其关键业务与知识管理和持续培训有关，如咨询公司、医院等；平台/网络——关键业务与平台管理、服务提供和平台推广有关。

该模块需要解决的关键问题有 4 个。

（1）我们的价值主张需要什么样的关键业务？

（2）我们的渠道通路需要什么样的关键业务？

（3）我们的客户关系需要什么样的关键业务？

（4）我们的收入来源需要什么样的关键业务？

8. 重要合作模块

重要合作模块是描述让商业模式有效运作所需的供应商与合作伙伴的网络，需要解决的关键问题有 4 个。

（1）谁是我们的重要伙伴？

（2）谁是我们的重要供应商？

（3）我们正在从伙伴那里获取哪些核心资源？

（4）合作伙伴都执行哪些关键业务？

9. 成本结构模块

成本结构是指商业模式运作所需要的成本，即为了获取利润收益，我们需要在哪些项目上付出对应的成本。该模块是描绘运营一个商业模式所引发的所有成本，需要解决的关键问题有 3 个方面。

（1）什么是我们的商业模式中最重要的固有成本？

（2）哪些核心资源花费最多？

（3）哪些关键业务花费最多？

在 9 个模块中，每个模块里面都涵盖着成千上万种的可能性和替代方案，构建适合企业自身的数字化商业模式，所要做的就是从这成千上万个结果中找到最佳的一个。

第三节　创新数字化商业思维

"数字化转型有什么难的，照着成功的案例一步一步来就行。"有一部分企业管理者认为实现数字化转型就是简单地"抄作业"，实际上这种认知会阻碍创新数字化商业思维的产生。

"数字化转型"最大的不同是要以构建一种新的商业模式为目标，更多地关注模式和思维。只有从思维层面重构自身认知，然后推导业务逻辑，最后再落实到技术实现上，才有可能真正地做好数字化转型。

只有从思维层面彻底改变对数字化转型的认知，才能尽量少走弯路，让数字化转型赋能企业高效、稳健地持续发展。对于企业来说，可以通过参考下列思维模式来创新数字化商业思维。

1. 逆向思维

今天，互联网上的信息多如繁星，再多再好的正面宣传也很难被看见。于是，便有些企业运用逆向思维借助自黑的方式成功出圈。

2015 年，小米在印度发布小米 4i，作为学霸的雷军用一口蹩脚英文撑起了整个发布会。B 站网友 Mr.Lemon 为了吐槽和娱乐，把雷军演讲片段合成了一首鬼畜神曲《Are you OK？》，没想到小米不仅没有阻拦，反而主动帮助宣传《Are you OK？》，勇于自嘲的雷军迅速成为"网红"企业家，如今这首神曲在 B 站点击量突破 1800 万次，留言超过 10 万条。

2019 年百度 AI 开发者大会上，一位不明人士突然冲上台并向正在发表主题演讲的李彦宏泼水。一整瓶矿泉水从头上浇下，错愕的李彦宏向男子发问："What's your problem？"但对方心理素质明显更好，仿佛无事发生般镇定地走下台。之后，"宏颜获水"视频迅速蹿红网络，成为 2019 年度最为大家津津乐道的话题之一。

2. 裂变思维

这里简单介绍几个进行社交裂变的经典方法。

一是邀请有礼，就是让老用户通过邀请码等方式邀请新用户注册产品，新用户成功注册后，双方都可以得到一定的奖励。此外，该活动还可以设置阶段性奖励，这样，老用户邀请的新用户越多，得到的奖励也就越多。

二是红包裂变，就是让用户体验产品后获得一个需要分享的红包，用户只有将红包分享到微信群或朋友圈后，自己和朋友才能领到红包。

三是免费体验，一般适用于提供虚拟产品或服务类商品的平台，例如网络课程服务。

四是拼团活动，就是让用户个人开团，然后分享出去，只要凑齐一定的成团人数，就可以团购的价格购买到该商品。

五是集卡活动，就是给用户布置一定的集卡任务，每完成一次任务就获赠一张卡片，集齐一定卡片后就可以兑换奖金或礼品。此外，集卡活动的任务奖励还可以设置成阶梯形的，或设置成好友之间可以相互换卡的规则，以增强趣味性，增加活动吸引力。

六是分销活动，就是让老用户分享自己体验较好的产品，只要有人通过他的分享链接购买产品，他就能获得一定的返利分成。但需要注意的是，分销活动一般不能超过三级分销。

3. 跨界思维

在数字化商业思维中，跨界思维是一种最流行的、不可或缺的商业思维模式。在数字化浪潮中，行业与行业之间的界限变得模糊，跨界思维往往给商业带来一股新鲜自由的气息。

锤子手机创始人罗永浩曾是新东方的一名英语老师，因幽默诙谐的讲课风格深受学生的喜爱，其课件被上传到网络后，迅速走红。2012 年，罗永浩创办锤子科技，英语老师跨界做起了手机，这事儿很新鲜，于是一下子就吸引了人们的关注。

比如，瑞幸咖啡和椰树椰汁跨界联手推出"椰云拿铁"，包装上浓浓的"椰树牌"设计风格，一经官宣就让许多消费者直呼"上头"。

第四节　数字化转型催生新行业

人工智能、云计算、大数据、虚拟现实、物联网等技术成果的涌现，见证着新一轮信息技术革命的爆发——数字时代已经到来，几乎所有领域都在发生"数字蝶变"。从企业角度来说，数字化转型催生了新动能新优势，但站到一个更宏观的角度上来看，数字化转型也在催生新行业，孕育新业态。

1. 元宇宙

不少互联网巨头，在互联网、移动互联网领域遭遇发展瓶颈后，纷纷开始了新一轮的数字化转型，元宇宙便被认为是移动互联网的继任者。微软、索尼、三星、HTC 早在 2014 年就入局元宇宙领域，并促使元宇宙这一新行业的诞生。

2021 年 7 月，Facebook 创始人扎克伯格宣布将成立元宇宙项目团队，最终目标是在 5 年后将 Facebook 完全转型为"元宇宙"公司。2021 年 10 月 28 日，Facebook 直接宣布将公司名称改为"META"，公司股票代码从 2021 年 12 月 1 日起变更为"MVRS"。在扎克伯格看来，元宇宙是下一个前沿。实际上，今天火爆全网的元宇宙，本质上就属于数字化转型过程中衍生出来的新行业。

2. 数字导游

博物馆、景区的数字化转型催生了新业态。近几年，不少博物馆、景区纷纷进行数字化改造，智能语音导览、虚拟展品、线上展览、数字藏品等纷纷走入大众视野。

随着互联网的快速发展，不少博物馆、景区都纷纷掀起了数字化大潮。例如，一些景区开始提供语音讲解器租赁服务来代替真人导游讲解；还有一些景区通过设置二维码资源来为游客服务，手机扫码即可了解展品或景区情况；还有的景区纷纷借助 AR 技术导览；游客通过微信小程序就能获得数字导游的讲解服务。

少部分走在行业前端的博物馆、景区，还配备了智能机器人，不仅可以承担问路、咨询、引领等任务，还能给广大游客带来不少新鲜感、科幻感，从而更好地提升游览体验。

目前的数字导游，能以图、文、声、像四位一体的方式呈现景区信息，从而形成旅游大数据中心。在中国旅游研究院院长戴斌看来，数字导游未来还有可能实现对景区人流量情况的实时报告，想去的景点是否会拥挤，也可以通过大数据分析实现预报和预警。

3.虚拟展览

"虚拟游览，在家享受卢浮宫。"卢浮宫是世界四大博物馆之一，在全世界都非常有名，它位于法国巴黎市中心，以往人们想参观卢浮宫只能前往巴黎实地游览，但现在卢浮宫也推出了VR线上展览。也就是说，现在的人们可以通过计算机、手机足不出户进入卢浮宫的虚拟展览厅进行游览。并且，虚拟展览厅还提供中文服务，即便不懂英文的人，也可以无障碍地在卢浮宫的虚拟展馆中徜徉，尽享国外文化的魅力。

国内很多景点也推出了数字博物馆、"云展览"等，比如云冈石窟推出的云冈石窟全景漫游、三星堆博物馆虚拟VR云展厅、陕西历史博物馆推出"陕西古代文明""大唐遗宝展"等不同主题的VR展……

4.数字藏品

数字化浪潮同样席卷了艺术和收藏领域。2021年北京时间3月11日晚，一幅NFT数字艺术品《每一天：前5000天》由纽约佳士得进行网络拍卖，最终以6930万美元（约4.5亿元人民币）的价格成交。

《每一天：前5000天》由艺术家Beeple创作，他从2007年5月1日开始，每天都在网上发布绘画照片，在积累到 5000 张之后，使用 NFT 技术组合到一起生成了《每一天：前 5000 天》。这幅被打上"NFT"标签的图片，被认为是目前最具价值的数字藏品之一。

河南博物院于 2021 年 12 月发布了数字藏品"妇好鸮尊"，限量 1 万份，一经发布，一秒内即宣告售罄，其火爆程度超乎想象。2022 年 6 月 14 日，龙门石窟官方也发布多款数字藏品："龙门石窟·逐梦苍穹""唐代岳阳楼"、《大话西游》盲盒等，同样深受大众喜爱。

5. 虚拟偶像

洛天依，内地女歌手，上海禾念信息科技有限公司旗下艺人，但与其他真实自然人歌手不一样的是，洛天依是虚拟形象，或者也可以称其为虚拟人、数字人，她是以雅马哈公司的 VOCALOID3 语音合成引擎为基础制作的。2012 年 7 月 12 日，洛天依作为中文虚拟歌手正式出道。

实际上，洛天依并不是唯一的虚拟偶像，初音未来、柳夜熙、小漾等一批虚拟数字人也相当具有影响力。目前已经有不少传媒或经纪公司纷纷布局虚拟数字人，于是，虚拟主播、虚拟 UP 主、虚拟主持人、虚拟模特、虚拟偶像开始逐渐出现在大众视野。

......

在遭遇数字化浪潮的席卷后，每个行业都开启了一场"数字蝶变"。洞悉数字化转型催生的新行业情况，对于企业的数字化转型方向具有重要的参考意义。

第五节　商业长期主义与数字化转型

"企业数字化转型需要坚持长期主义。"这是美云智数 CEO 余海峰眼里的商业长期主义与数字化转型，也是不少数字化转型企业一直坚持的战略法则。

武田制药是全球十大制药公司之一，2022 年年初，随着武田制药在全球范围内的战略性调整，数字化转型战略被提升到了全新的高度，"像科技公司一样充分挖掘数据与技术的潜力"，从这一口号也不难看出这家拥有 240 多年历史的"百年老店"在数字化转型上的决心与魄力。

在武田制药中国总裁单国洪看来，医药数字化转型注定是一场长期主义者的探索与坚守。商业长期主义在医药企业的数字化转型中更加凸显。对于武田制药来说，这次数字化转型，不亚于从传统中草药向化学制药、再到生物制药的业务变革，以及从本土化迈向全球化等关键转折。这样一场事关生死和整个组织全局的变革，绝不是短时间内就可以完成的，如果不能坚守商业长期主义原则，必然不会成功。

数字化转型是一个不可逆转的发展趋势，对于全球所有的企业来说都不例外，单国洪对于武田制药数字化转型的长期性，有非常充足的心理准备，他认为，数字化促使医药行业进入了一个全新的重塑期，一些不可能的事情，在数字化的加持下，正在变得可能，"再过 20 年或者 50 年回头看，现在如果不做这个改变、不在这个领域加码投资，就丧失了获得成功的先机，从而错失时代赋予的机遇"。

抓住数字化转型的先机很重要，在数字化转型的过程中恪守商业长期主义同样重要，京东就是一个非常典型的成功案例。

2017 年，京东对未来发展战略进行部署，提出未来 12 年所有商业模式都要用技术进行改造，将大数据、云计算、人工智能、物联网等新兴技术全面深入融进京东业务之中，将京东变成技术公司。京东的技术转型之战正式打响。

2019 年 12 月，京东将原京东云、京东人工智能、京东物联网整合成京东云与 AI 事业部。融合三类技术，为客户提供丰富的云计算、人工智能、物联网服务和一站式解决方案。

2020 年 3 月，"京东智联云"品牌正式升级，其依托智能供应链完善的平台架构和服务体系，对外输出技术与服务。"京东智联云"的技术亮点主要包括帮助企业实现新旧动能转换、NeuFoundry 帮助企业快速打造技术中台、传统客服向智能客服升级转型，以及 C2B 反向定制驱动智能供应链变革。

在帮助企业实现新旧动能转换方面，京东智联云构建了一个人工智能公共服务平台作为 AI 基础设施，整体架构包括底层基础支撑、技术中台、解决方案中台、产品形态、应用场景四个部分。其中技术中台包括人工智能、大数据、区块链、AR、VR、京东物联网等基础能力，作为技术赋能的平台。在技术中台上有针对产业生产的全链条流程，京东智联云都能利用平台优势，帮助企业实现新旧动能转换。比如，企业要开发新产品，京东智联云就能在关注用户、使用场景、竞争优势、投入产出比等方面进行分析，给企业提供参考。

NeuFoundry 是京东智联云基于京东丰富的业务场景，以国家级智能供应链平台为背书，为企业定制的智能中台。它覆盖从数据标注—模型开发—模型训练—服务发布—生态市场的人工智能开发全生命周期，并预置高净值的脱敏数据、经实战验证的成熟模型及典型项目场景，同时提供多种安全、灵活可定制的部署及交付方案。

在智能客服升级转型方面，京东很早就可以在智能客服机器人领域布局，京小智售前导购机器人就是该布局中的重要一环。京小智通过智能应答系统，能够回答用户提的各种问题，甚至能像人一样学习精准的智能营销导购技能，实现客户转化。

……

从 2004 年进军电子商务至今，在长达 20 年的时间里，京东从未停下数字化转型的步伐，每一步都紧跟数字技术的发展。也正是这种恪守商业长期主义的做法，让京东始终保持了数字化转型的优势，始终走在行业的前列。

第六节　数字智能与智能商业操作系统

生活在北美的驯鹿，一旦遇到危险，就会迅速有组织地朝各自的逃生方向奔跑，没有一只会挡住同伴的逃生方向，也从不会发生踩踏事故；一条鲱鱼的力量很有限，但由千百条鲱鱼组成的鲱鱼群可以通过瞬间同时改变方向来躲避天敌，且绝不会出现慌乱碰撞的情况；单个工蜂的智商并不高，但千万只工蜂组成的群体集体"投票"表决来确定新蜂巢的地点，一般不会出现重大失误；单个蚂蚁也没多聪明，但50万只蚂蚁构成的蚁群，可以在无"主管"的情况下良好而有序地运作……

在全世界各地，多种多样的动物群体纷纷表现出了群体智慧现象。生命智力学认为：初级生命智力系统经由群体智慧可以设计制造形成更高层次的生命智力系统。其实，人类社会的运转也不例外，在互联网诞生之前，群体智慧的基本单位是国家，每个国家的政府成为群体智慧的"大脑"，从而领导整个国家的人民。

互联网诞生后，基于海量信息、大数据技术等，逐渐形成了"数字脑"或者说"数字智能"。

2016 年 3 月，AlphaGo 以 4 ∶ 1 的战绩，战胜了围棋界顶尖高手李世石，这场"人机大战"让大众彻底刷新了对"人工智能"的认识。2017 年 5 月，在中国乌镇围棋峰会上，AlphaGo 与排名世界第一的世界围棋冠军柯洁对战，以 3 ∶ 0 的总比分获胜。围棋界公认 AlphaGo 的围棋实力已经超过人类职业围棋顶尖高手的水平。

2016 年 4 月，特斯拉 Model 3 在美国正式发布，这款车最大的亮点在于搭载了自动驾驶技术，可以实现自动驾驶。作为特斯拉的现任 CEO，马斯克一直致力于攻克自动驾驶技术，尽管今天特斯拉的自动驾驶技术因为安全问题饱受诟病，但不可否认的是，自动驾驶让我们大众充分见识到了人工智能的强大。

2023 年年初，聊天机器人 ChatGPT 一时之间在国内各大网络刷屏，再次引发了公众对于人工智能的关注和讨论。ChatGPT 的强大之处在于它具有持续不断的自主学习能力，"教一教"就能什么都学会。

实际上，ChatGPT 早已进入了具体应用层面。全球知名电商企业亚马逊已经将 ChatGPT 用于编写软件代码、创建培训文档等实际工作中。在亚马逊的员工看来，ChatGPT 在完成论述题、回答一些提问或在回答中直接给出伪代码或者直接运行代码片段等任务时都比较出色。

有专业程序员试用了 ChatGPT 后发现，它不仅可以直接根据需求生成代码，还可以帮助解读代码，其功能强大到超乎人们的想象。也有一些专业的文字创作者借助 ChatGPT 来创作文案、新闻稿等，尽管 ChatGPT 需要一定的学习过程，但在人的帮助下也可以完成任务。不管是聊天对话、写代码，还是修 BUG、写小说 / 诗歌，ChatGPT 都能够有逻辑地完成，在美国，甚至已经有大学生开始使用 ChatGPT 来完成自己的作业。

……

实际上这种基于互联网、大数据等形成的数字智能，不仅可以为企业的数字化转型决策提供可靠依据，还可以助推企业不断升级智能商业操作系统。

以海尔为例，海尔集团 ERP 系统每天自动生成向生产线配送物料的清单，借助现代物流技术的支持，实现定时、订单、定人、定点和定量的配送。海尔不仅有 B2C 定制生产线，使生产模式更加灵活，还开发了 EOS 商务系统、PTM 产品跟踪管理系统、TM 自动测试系统、DM 磁盘管理系统和 JIT 三定配送系统等辅助系统。这些先进的生产系统，不仅可以让海尔实现单台产品的用户定制，还能同时生产上万种不同配置的批量定制产品。

海尔集团把通过全球营销网络获得的订单形成统一的"信息流"，然后通过"订单信息流"实行以销定产，实现原材料和成品的零库存。在信息化管理中，只要销售订单一经在网上发布，所有参与这笔订单的部门都能同一时间收到信息，立即准备，不需要召开会议进行协调，每个部门都干好自己分内的事情即可。例如，设计部门按照订单要求进行设计，采购部门按照订单要求做采购计划进行采购，物流部门做好产品等的运输调配工作等。

海尔集团全面信息化建设是通过以订单为纽带的管理模式进行创新和业务流程再造，以先进的数字化技术为手段，以订单信息流为中心，带动物流和资金流运转，实现从过去的"精益产品导向"到"对客户的敏捷反应导向"的转变，并促进海尔的商业操作系统从静态转向动态，通过集纳全球营销网络订单，形成统一的"订单信息流"，对采购、生产、库存等形成一条内部的闭环智能操作链条。

企业在推进数字化转型的过程中，要像海尔一样，善于借助数字智能的力量，充分运用大数据、物联网等新技术，打造出符合自身业务特点、流程特色的智能商业操作系统，这将会直接带动企业进入智能化、自动化的发展快车道。

第六章
产品为纲：数字化产品服务设计

互联网时代的竞争只有第一，没有第二。只有把用户体验做到极致，才能真正赢得消费者、赢得人心。做好数字化产品服务设计，是企业数字化转型的立身之本。

第一节　什么是数字化产品

　　企业数字化转型，产品为纲。有无数字化产品是衡量企业数字化转型是否进入实质性阶段的重要标志之一。那么，什么是数字化产品呢？

　　2022年，一款名为"云游长城"的小程序火爆全网，这款小程序可以让用户在线"爬长城"，而且更有意思的是，用户还可以化身长城修复工匠，在线给长城垒砖。这是文旅届首次通过云游戏技术，实现最大规模文化遗产毫米级高精度、沉浸交互式数字还原。在小程序中，喜峰口西潘家口段长城的1千米选段被数字复刻，可以让用户以3A游戏级别体验数字长城。

　　在小程序中，用户是游客，可以跟随航拍影像充分体会长城的雄伟、壮观，可以在长城上随意"走动"，还可以点击按钮变换光影，从清晨到傍晚，长城的一草一木、一砖一石都尽在画面之中，真正实现只需轻点按钮即可360度观景的效果比实际去爬长城看到的景致更丰富，还省了爬长城的劳累。

　　在小程序中，用户还可以是工匠，可以通过导览指引进入修缮长城界面，工具箱中有可选择工具，当用户拿着瓦刀、锤子等工具砌砖时，会听到"锵锵锵"的音效，破损的砖墙也会恢复完好。在整个修缮长城的过程中，语音导览还会介绍长城清理考古、砌筑、勾缝、砖墙刷补、支护等修缮知识，可以大大提升用户的沉浸感。

很显然，这款名为"云游长城"的小程序就属于数字化产品。数字化产品的形态是非常多样的，像智能手表这种典型的智能可穿戴设备，也属于数字化产品。

这几年，智能手表受到不少年轻消费者的追捧，尤其是其中的运动监测和健康管理功能，可谓直击人们健康方面的痛点，取得了良好的市场收益。以小米手环为例，用户佩戴它就可以轻松记录日常生活中的锻炼情况、晚间睡眠情况、饮食摄入情况等实时数据，而且这些数据与手机等设备同步，可以起到用数据指导健康生活的作用。此外，一些比较专业的运动类智能手表，还可以记录运动时长、消耗卡路里以及运动时的心跳、血氧、配速等更详细、更具体的数据。

2022年3月13日，吉利汽车集团旗下高端品牌领克联合百度元宇宙平台希壤共同打造领克乐园汽车数字展厅。元宇宙空间设计复刻了领克展厅，用户可以在虚拟展厅里体验看车、预约试驾、购车等多重功能，也可以及时感受车身颜色改变、车门打开、内饰效果全方位展示等互动。此外，领克乐园还逐渐解锁了线上车展、新车发布会、虚拟试驾、虚拟代言人、数字藏品等新体验，甚至让用户对领克工厂整车制造、车型测试等生产制造工艺流程和生产质量保证系统有了更加直观的接触和感知。这种依托数字化技术搭建起来的数字展厅，本质上也属于数字化产品。

实际上，只要我们耐心观察，就很容易发现日常生活、工作中的数字化产品，从司空见惯的手机、电脑、App、软件，到数字人民币、人工智能等，数字化产品正在改变着人们的生活、生产方式。

数字化产品，顾名思义就是指信息、计算机软件、视听娱乐产品等可数字化表示并可用计算机网络传输的产品或劳务。总的来说，数字化产品具有以下四大特征。

1. 无形且无限供应

数字化产品具有有形资产的特征，也具备无形资产的性质。以"小米手环"为例，手环本身是实物，也是有形的，但手环中装载的系统则是无形的、可升级换代的和可无限供应的。有些数字化产品没有实物形态的产品，如线上课程、App、软件等。

2. 生产过程虚拟化

与传统的实物类产品需在工厂车间通过一道道工序生产出来不同，数字化产品的生产过程是虚拟化的。以计算机软件为例，在其产品进入市场前，主要有两个环节：一个环节是软件的需求收集与代码开发环节；另一个环节是测试到上线环节。实际上另两个环节就是软件的生产过程，全是虚拟化的。

3. 收益模式自由化

数字化产品的收益模式更自由，既可以直接收款，也可以先试用后收费，还可以通过免费提供数字化商品的方式盈利。比如，今日头条、抖音等就是通过给用户提供免费的内容，聚集了大量流量后以广告收益赚取利润的。数字化产品的收益模式更自由、更多样化。

4. 销售过程网络化

数字化产品的销售过程一定是网络化的，由于其无形的特点，很多数字化产品没有实体，也无法通过传统方式进行销售，比如知网提供的硕博论文查重服务、在线音乐、在线电影等。销售过程网络化是数字化产品的重要特征之一。

第二节　产品与服务的数字化融合

互联网打破了传统商业的时间和空间限制，从理论上来讲，人们可以借助互联网把商品卖到世界上任何一个有人的角落，卖给任何一个上网的人，但实际上却并非如此。在互联网时代，把商品卖给所有人往往就意味着谁也不会买。

综观今天的企业家、商人、企业，无一不在采取"深耕细作"的经营策略。互联网在大大扩展了商品的消费群体的同时，也大大加剧了同行业的竞争，一个企业的竞争者已经不再局限于本地区、本国、本行业，比如，打败柯达的不是同行而是智能手机，打败银行的不是其他银行而是移动支付，打败手机运营商的不是更强大的运营商，而是微信，等等。这种现象在互联网时代再常见不过，对于任何一个企业、任何一个商人来说，竞争无孔不入、无处不在。

不要试图把产品卖给所有人，也不要试图赚所有人的钱，找到那些需要你产品的客户，持续服务他们，这才是明智的选择。今天的商业逻辑已经深刻改变了，以前是将货卖给所有人，现在是将所有货卖给一个人。

企业在数字化产品和服务的开发设计阶段，就要以此为原则，做好产品与服务的数字化融合。那么，具体来说，企业在推进产品与服务的数字化融合方面，都可以做些什么呢？下列做法可供我们参考和借鉴。

1. 产品与服务的所有信息都值得用视频做一遍

企业所有产品与服务的全部内容都值得用视频重做一遍，即便是早已经被大众熟知的常识性内容，把菜谱转化成烹饪视频，把手工步骤转化为手把手制作的直播，把摄影作品转化为拍摄摄影作品全过程的视频……都会产生新的商业价值。

尤其是在制作视频初期，选材、内容、构思等需要花费不少的精力，这时我们不妨将以往的图文或其他载体形式的内容，用视频重做一遍，一来可以节省一部分时间和精力，二来可以帮助我们进一步熟悉视频的表达方式，积累一定的经验，三来也可以让我们对视频的受众情况做一个基本的了解，获得一些基础性的反馈，为后面的视频策划、制作工作提供更多有价值的信息作为参考。

弹幕、表情包、漫画式的旁白……今天的视频在不断翻新着各式各样的表现方式，多种多样的剪辑思路，不同受众们不断变化的口味等，都是做视频内容必须考虑到的问题，只有与时俱进、紧跟受众，才能不断提高产品与服务的数字化融合程度，从而提升视频曝光率、转化率、成交率。

2. 打造产品与服务的人格体 IP

作为电商潮起时第一代淘品牌，三只松鼠通过独特的品牌 IP 化、人格化运营，在坚果这一领域不断深耕，成功打造出家喻户晓的互联网零食品牌。

自然界中最喜欢吃坚果的动物就是松鼠，三只松鼠的品牌名称不仅借用松鼠这一形象将品牌与坚果密切联系起来，让人产生联想，还通过"三只"这个奇怪的量词前缀，给品牌增添了不少趣味性和互动性，便于辨识与记忆。

三只松鼠的品牌 Logo 是三只萌版小松鼠，而这三只松鼠的主要任务就是"卖萌"。在进行品牌 IP 化和人格化的过程中，三只松鼠将品牌形象具化为三个喜欢卖萌的小松鼠——

鼠小贱，主要代表坚果类产品，喜欢唱歌、街舞和混搭风，吃得了美食也吃得了苦，耍得了贱也做得了研究；

鼠小美，主要代表花茶类产品，喜欢甜食，温柔娴静、美丽大方；

鼠小酷，拥有知性气息的新一代男神，带给你知性问候和贴心关怀的暖男。

三只松鼠的 IP 天然具有娱乐属性，品牌充分发挥了这一天然的优势，近年来一直致力于打通动漫全产业链路。除了以三只松鼠为主角的动画片外，三只松鼠还延伸了大量的相关产业，开发手机游戏，贩卖周边产品。通过给消费者提供更多具有延伸性的体验，来增加品牌与消费者间的互动与交流，提高消费者对品牌的喜爱与信赖。

企业推进数字化转型，产品与服务的数字化是重要工作之一。实际上如今产品与服务的数字化融合方式多种多样，比如在图书行业，京东、当当不少在售图书，既可以购买纸质版快递到家，也可以购买电子版阅读，这也是拥抱数字化的一种方式。企业可以根据自身的产品与服务特点，充分发挥想象力，探索出适合自身的数字化转型方法。

第三节　数字化设计思维

凡事预则立，不预则废。企业的产品数字化、服务数字化，从源头上来说主要依托数字化设计思维。设计思维，简单来说，就是一套以人为本的创新方法论，旨在帮助组织和个人突破创新窘境，打造融合用户需求性、商业延续性及技术可行性的产品、服务和品牌。数字化设计思维，则是以数字化为核心，旨在帮助企业实现数字化转型、提升产品与服务数字化融合程度的创新方法论。

在数字化转型过程中，企业可以通过数字化设计思维与数字化技术的碰撞，抓住一闪而过的创新火花，找到适合自身的转型之路。微软基于设计思维的数字化转型，就是一个非常典型的例子。

基于设计思维这一创新工具，微软确定了三大数字化转型目标，即商业成功、技术可能性和人的需求，然后通过产品数字化、业务流程数字化、用户服务数字化，三大要素、三个方向密切配合，来推动企业顺利实现数字化转型。

1. 数字化转型方法

微软在数字化转型过程中，第一步是对数字化转型方法进行设计，其设计思维是梦想、设计和交付。

2. 设计思维方法论

微软通过自身数字化实践和经验，总结出了设计思维的方法论，即五大步骤：一是同理心。遵循以人为本的原则，借助同理心充分理解用户和员工的数字化需求。二是聚焦。聚焦真实的数字化需求，通过发散式思维找出数字化转型的关键点、关键环节。三是构想。可以通过头脑风暴、集体讨论、意见征集等方式构想具体的数字化实现方法、使用什么数字技术以及数字化转型成功后的理想形态是怎样的等。四是制作。从各种各样的数字化构想中筛选出可行合理的方式，并制作执行。五是检验。对制作出来的数字化系统、流程、工具等进行检验，看它们是否达到了预期的效果和目标，如未达到，则可以通过收集用户与员工的反馈来不断调整，从而达到最终效果。

数字化设计思维适用于各行各业，对于聚焦数字化转型与产品设计的企业具有非常重要的实用价值。企业可以借助鱼骨图这一工具来找到适合自己的数字化设计思维。

鱼骨图由日本管理大师石川馨先生发明，因此也叫石川图，企业可以按照下列步骤进行绘制。

第一步：填写鱼头，也就是我们想要解决什么问题，如企业数字化转型，那我们就直接将其写在鱼头位置即可。

第二步：以鱼头为参照，画出主骨和大骨。这里所说的大骨，就是主要的原因或要素。确定大骨时，我们可以从"人、事、时、地、物"层面来确定。总的来说，大骨的确定并没有固定的模式，视具体情况决定是明智做法。以"企业数字化转型"为例，可以按照人、事、时、地、物画出大骨。一般来说，大骨最好不要超过7项。

第三步：画出中骨、小骨，填写中小要因。比如，大骨——分支出来的产品数字化、业务流程数字化就属于中骨，财务系统数字化、库存系统数字化等就属于小骨。

需要注意的是，并不是所有的鱼骨图都是严格按照大骨、中骨、小骨的结构来排列的，也可能有些大骨中只有小骨，没有中骨。我们在绘制鱼骨图的过程中，不必墨守成规，可以根据企业的实际情况来灵活拆解鱼头。

第四步：如果有特别重要的因素或者比较特殊的因素，则我们可以借助特殊符号标志对其进行标注。需要注意的是，在绘制鱼骨图时，应保证大骨与主骨成 60 度夹角，中骨与主骨平行，这样做的目的是可以令所绘制的每个部分都不重叠，可以更好地呈现出整个鱼骨图的全貌，便于阅览和分析。

第四节　数字化时代的用户参与创新

《100 个梦想的赞助商》是一部非常励志的微电影，曾在豆瓣、B 站等多家网络平台引发广大网友热议。不过有意思的是，这并不是某个影视公司或传媒公司的作品，而是由小米科技公司拍摄，于 2013 年"米粉节"献给广大小米粉丝的一部诚意之作。

故事的主人公，是一个名叫舒赫的洗车工，他只有一辆捷达车，却梦想着成为一名专业的赛车手。几百万一辆的赛车，对于一个收入微薄的洗车工来说，无异于天方夜谭。但舒赫并没有因此而放弃自己的梦想，后来，机缘巧合下，他在 100 个梦想赞助商的帮助下，如愿地成了一名赛车手，并最终赢得了比赛。

在小米的发展过程中，与用户诚意互动、让用户深度参与的案例比比皆是。而这，不仅是小米迅速崛起、获得成功的关键，也是数字化时代下，企业创新产品或服务的法宝。

小米在创牌之初，精选了 100 个"钢粉"，愿意全心全意配合小米一起玩，从 100 个"钢粉"到 1000 个，再到 10000 万个、100000 万个……无数小米粉丝让这个成立于 2010 年的公司，用了短短不到三年时间就家喻户晓，成为仅次于阿里、腾讯、百度的中国第四大互联网公司。

小米的成功，归根结底是一种用户深度参与创新模式的成功。与一般企业首先推出产品再营销的做法不同，小米最先推出的不是手机产品，而是手机实名社区米聊，此后又推出了 MIUI 社区，一直到 2011 年 8 月 16 日，小米公司才正式发布了产品——小米手机。也就是说，在产品发布之前，小米公司早就通过米聊、MIUI 社区聚集了数以百万的用户，并借助多种多样的互动进行了产品预热。

正如硅谷科技思想家、《连线》杂志创始主编凯文·凯利所说，"如果你有大约 1000 个铁杆粉丝，你就可以谋生"。事实证明，小米的"用户参与共建"策略非常成功，一个全新品牌的手机竟然通过电商预售的方式销售了 30 万台，消息传出，整个互联网行业一片哗然，此后很多天小米的合作伙伴都还在质疑这件事情的真假，不少手机厂商们瞠目结舌认为小米简直是在"闹着玩"。第一次线上预售的巨大成功后，小米一路高歌猛进，迅速跻身于全球手机厂商前列。

"参与感"一直是小米的核心理念。以 MIUI 社区为例，这是一个平台交流的社区，借助这一平台，小米 MIUI 研发人员与无数手机系统开发爱好者建立了联系，大量开发者的参与让小米手机的系统使用起来更顺手、更舒适。此外，小米手机的"百万壁纸"事件，也是一种非常典型的参与共建做法。当时有成千上万的专业摄影师参与进来，只要图片能入选小米手机的壁纸，就可以拿到高达百万元的酬金。高昂的酬金，大大激发了大众的参与热情，也大大提升了小米的营销效率。

近年来，随着互联网和移动互联网以及网络社交的快速发展，用户在企业数字化产品创新中起着越来越重要的作用。今天，每个用户都可以在互联网上发表关于某一产品或品牌的看法和体验，让通过互联网平台参与产品开发与更新、主导网络口碑传播都成为可能，换句话说，用户已成为企业产品数字化创新的重要主体。

数字化时代，需要解决人与内心的关系。在工业化时代，组织领域很少能够进入对于个体内心的关注，只有政党和社团才会有比较好的指导员制度，对于做思想工作有一整套系统的工作方法。在数字化转型过程中，企业虽不能像政党一样建立指导员制度，但完全可以通过用户参与创新共建的方式，来为企业的转型发展注入新的动力。

用户参与产品设计的互动机制、参与机制、口碑机制等都是什么样的？今天的用户更愿意参与到什么样的活动当中？如何把参与创新共建的用户转化为忠诚的消费者？……这些都是企业推进数字化转型需要深入思考的问题。

第五节　用"大航母、小战舰"开发产品

数字化时代，人们的需求变得更加多元化、个性化，把产品卖给所有人等于所有人都不会买，唯有瞄准小目标，纵深化、大投入，才可能取得商业上的成功。

企业数字化产品的开发，一定要遵循"一航母、多战舰"的原则。所谓"一航母"，是指把企业内部稳定的、共通的业务服务抽象出来，实现数字化技术复用，即可以在各个业务应用，而不必出现重复。所谓"多战舰"，即前台的团队要小而多，只有这样才能快速决策、快速响应用户需求，并根据需求快速研发、快速把产品推向市场。

世界上最成功的移动游戏公司——Super cell，开发了多个爆款游戏，在全世界的游戏领域都有一定影响力，但实际上这家公司并不是"巨无霸"，而是采用的"小团队＋大航母"架构的管理模式。

"大航母 + 小战舰"的模式早在 2015 年左右就已经被引入国内的企业管理之中，有人将这种模式形象地比喻为"3 斤小龙虾"模式，"小战舰"也就是小团队要小到一顿消夜只需要 3 斤小龙虾。

在这种"大航母 + 小战舰"产品开发模式中，"大航母"发挥核心作用，通过数据技术，对海量数据进行采集、计算、加工、存储，最后形成统一的标准和口径，这个强有力的"数字化中台"可以为"前线作战"的无数个"小战舰""小团队"提供技术支持，从而为客户提供更高效、更及时、更优质的服务。

"小战舰"则好比是一个个规模不大的在一线作战的特种部队，人数少，但每个都是冲锋陷阵的特种兵，综合能力强，富有开拓创新精神，承担着为企业开疆拓土的重任。在一线冲锋，必然需要强大的后方补给，"大航母"就扮演了后方支援部队和粮草补给的角色。

当"小战舰"在开疆扩土的过程中遭遇困境后，可立即向后方的"大航母"传递信息，"大航母"收到信息后，会提供强有力的"火力"支援，就像发射导弹一样精准地"射击""小战舰"指定的目标或做出的决策。

"大航母 + 小战舰"的产品开发模式，具有无可比拟的优势，其会让企业内部组织扁平化，管理变得更高效，对市场和用户需求的反应更加敏捷灵活，组织的运行效率大大提高，还能有效避免集团的不同分公司或大企业内部不同部门之间相互竞争、相互争夺资源的情况出现。从成本上来说，该模式可有效降低数字化重复建设成本，让企业形成成本优势。

第六节 数字化服务管理模型

滴滴是在全国范围内都非常具有影响力的"出租车公司",却没一辆出租车;知乎、微博是非常受欢迎的内容提供商,但却不创造任何内容……数字化转型,本质上就是组织通过数字化服务管理来赚钱。

数字化服务管理,顾名思义就是借助数字化技术来推动组织的发展。对于企业来说,做好数字化服务管理,了解并掌握数字化服务管理模型非常必要。

和数字化转型一样,数字化服务管理模型也是一个伴随着企业数字化发展而来的新概念。2018年,国际数字化能力基金会正式推出了数字化服务管理模型(VeriSM),这是一套用于企业数字化转型的服务管理体系。

VeriSM源自拉丁语,每个字母都有其特殊含义:V,即Value-Driven,代表价值驱动;E,即Evolving,意思是持续演进;R,即Responsive,意思是及时响应;I,即Integrated,代表集成整合;S,即Service,意思是服务;M,即Management,是指管理。

当前,少数走在数字化转型前列的企业已经开始运用VeriSM来助力数字化转型。壳牌浙江 CIO 彭浩认为："VeriSM 体系将服务化的思维贯穿公司，帮助公司打破部门间的壁垒，建立一个更高效，也能够快速应用新技术的组织，将公司上下转变成一个为顾客服务的整体。"在华晨宝马数字化技术负责人戚海飞看来，"VeriSM 通过互联网思维将传统企业 IT 服务由单纯的 ITIL 升级转型至高效快速的敏捷模式，为企业数字化转型赋能！"

VeriSM 的核心是数字化管理网格。数字化管理网格主要由四个维度组成。

第一个维度是资源，指的是企业内部的资源，包括资产、人员、能力、时间等组织内部具有且可以控制、调配的资源；

第二个维度是环境，是指企业外部的环境，具体来说，包括行业大环境、政治环境、经济环境、人文环境、地理环境、市场竞争对手情况等；

第三个维度是管理实践，包含了数字化服务管理的最佳实践，比如 IT 服务管理 ITIL、项目管理 PMBok、信息安全 ISO 27000、软件成熟度模型集成 CMMI、IT 治理 Cobit 等。

第四个维度是新兴技术，包括了大数据、区块链、元宇宙、人工智能、机械学习、3D 打印、云计算等一切新技术。

数字化管理网格的这四大维度，覆盖了企业数字化转型的方方面面，任何一个数字化服务数字化产品，都可以通过对管理网格的调整和变通来进行开发、设计与管理。

VeriSM 的管理网格企业提供了一种非常灵活的管理方式，可以根据企业自身的产品或服务来进行调整或裁剪，是一种非常实用的数字化服务管理模型。

总的来说，数字化服务管理模型的核心是从客户需求到客户确认，着重强调价值、结果和组织目的。在整个模型中，"治理"是横跨所有活动的，也是支配所有活动的。

企业在推进数字化转型的过程中，要善于运用数字化服务管理模型来改变视角，从过去以 IT 为中心的服务转变成以客户为中心整合各类数字化产品和服务，从而实现更佳的业务价值输出。

第七章
渠道为王：数字化营销渠道构建

"得渠道者得天下。"当前传统渠道逐渐式微，唯有变革才能破局，因此企业必须快速构建起数字化的营销渠道。

第一节　数字化营销渠道有哪些

数字化时代，营销界从来不缺少新的营销方法，也不缺少新的营销渠道，更不缺少各种传播营销理论与方法的营销大师。因此说，这是一个营销界"百花齐放""百家争鸣"的时代，这种繁荣的景象实在可喜可贺。

快速发展的中国经济，不断更迭的无数企业，为不同营销方法、理论的实践提供了非常广阔的土壤。在电子商务领域，营销时时刻刻都在创造着匪夷所思的成绩；在互联网上，营销常常成为全网热潮的推动者、获益者。

而企业推进数字化转型，就离不开数字化营销渠道的构建。那么对于企业来说，今天的数字化营销渠道都有哪些呢？

1. 搜索引擎付费推广

尽管今天的互联网，直播平台、社群等已经成为流量的主要汇聚地，但搜索引擎依然是流量的重要入口之一。

搜索引擎付费推广这种营销方式，有其自身的优点：一是见效快，只要设置好关键词，充值后就可以很快进入排名前几位，而且排名位置可以根据实际情况自己控制，非常灵活；二是关键词数量没有限制，因此在使用搜索引擎付费推广时，可以设置多个关键词，大大提升点击率，改善营销效果；三是关键词没有难易程度之分，即便是非常热门的关键词，只要我们下定决心去做，也可以进入靠前的排名中，甚至直接做到排名第一。

2. 打造高质量外链

如果说企业网站是一座城市，那么外链就是一条一条的道路，每条道路的起点都不相同，但终点都是企业网站或店铺。外链，也叫导入链接，是从互联网上别的网站导入自己网站的链接。打造网站高质量外链就是获取流量的一种重要方法。打造高质量外链的常见方法如下。

一是问答类。百度知道、搜狗问答、知乎问答……互联网上的各大平台都有相关的问答板块，可以在流量大、受众群体与目标群体相关度高的平台上通过问答类板块来自己设置问题，自己回答，留下相关营销内容或链接等。

二是百科类。百度百科、360百科、维基百科、互动百科……目前，互联网上的百科类平台不少，且是广大网友使用较多、点击量很高的平台，因此可以通过这些百科类平台来设置企业的外链。

三是视频类。在流量火爆的视频下评论留下衔接、与直播网红合作在视频中直接宣传等，都是非常不错的打造高质量外链的方式。此外还可以自己制作趣味视频，把链接和营销内容融入视频当中，通过推广视频的方式来引流。

四是软文类。小红书、宝宝树、知乎……五花八门的社群，聚集着大量的具有同样特质的网民，在这些平台上发布高质量的软文，是打造高质量外链的非常好的方法，加之软文本身也具有很好的自我传播性，一篇好的软文会被众多网友转载，从而形成病毒式传播。

3. 充分用好社交平台

当微商、直播带货、社区团购等成为互联网商业领域的新物种，社交平台也成了新的营销阵地，可以毫不夸张地说，今天每个互联网社交平台都是营销平台，从 QQ 到微信，从论坛到贴吧，从知乎到今日头条，几乎每个用于社交的平台，都已经被嗅觉敏锐的电商人占领。社交平台是人们追八卦、谈热点的地方，企业要善于利用社会热点事件、娱乐八卦等来聚集人气和引流，打造一种非常有效的快速引流方式。

4. 内容社群精准营销

你喜欢看剧，我更愿意刷抖音；你没事就翻看小红书，我闲暇选择看知乎；你看各种各样的手工达人，我粉各式各样的动漫人物……在互联网的海量信息中，不同人的内容偏好不同，于是便以"兴趣点"为核心，形成了一个个内容社群。

"内容社群"的概念，可能不少人会比较陌生，实际上很多我们日常使用的 App、小程序、应用软件、平台等都属于"内容社群"，比如新氧App、大姨妈、宝宝树、她社区、女王日课、闺蜜社、if 时尚等。

在流量越来越贵的用户存量时代，内容社群就好比是一个蕴藏着巨大流量的蓄水池，这里的用户因"兴趣"或某种共同点而聚集在一起，对于营销人员来说，这是再优质不过的用户群体。利用内容社群做精准营销，首先要在众多的内容社群中找到那些用户与我们的目标消费群体相关度较高的社群；其次要积极持续地发布优质内容，内容运营是社群营销汇总非常重要的工作，要时时营销内容的关注阅读量、播放量、点赞量、评论量等数据，并依据数据情况及时给出反馈；最后要与受众建立密切的联系，可以通过设置用户成长体系来让双方的关系更密切，比如积分、金币、勋章等，除了这些用户虚拟奖励功能外，还要积极与用户进行互动，如关注、点赞、送花等。

第二节　电子商务数字化新模式

电子商务曾一度是企业数字化营销渠道建设的主阵地。近年来，随着互联网、移动互联网的不断发展，电子商务领域也出现了不少数字化新模式。

1.直播购物

随着移动直播的兴起，通过短视频、直播来做生意正在逐渐成为一种主流的电子商务数字化新模式。

通过电商直播的形式，某位知名主播短短 5 分钟就卖出了 15000 支口红，如此惊艳的数据背后，是直播购物打造消费新场景的巨大商业潜力。

有人用"播商时代"来形容已来临的电商直播爆发红利，并认为一屏统天下的播商将见证下一个商业时代。什么是"播商"？播商是一个广义上的概念，既包括京东直播、淘宝直播等传统电商平台开辟的直播区域，也包括虎牙 TV、斗鱼、抖音、快手直播等属于娱乐型社交直播的平台，其交易方式也呈现出多样化特征，既有直播者通过直播方式向其他平台的电商企业引流，也有直播者在平台上的自建或者合作商户，直播者通过直播将受众吸引到其他非平台商户进行交易，甚至是个人进行私下交易。

2. 社交电商

社交电商是指以互联网社交起家的社交平台在聚集起大量的人气后，通过售卖周边商品来实现流量变现的商业形态。社交电商的核心商业逻辑是，先用优质内容圈粉丝、拉用户，然后再通过卖货来赚钱。小红书、大姨妈等 App 就是非常典型的例子。以"大姨妈"为例，这是一款主打女性经期健康服务的应用软件，为广大女性用户免费提供生理健康知识、经期记录、易孕期预测等服务，应用一经推出后，很快就吸引了一大批女性用户，随后"大姨妈"开通了电商功能，开始售卖卫生巾、验孕棒等周边商品。

蘑菇街也属于典型的导购型社交电商平台，其核心商业逻辑是搭建平台，聘请 KOL 导购，和线下商场购物一样，通过导购与用户的沟通交流引导实现最终的成交。个体形态在电商领域中很常见，除了蘑菇街，我们非常熟悉的网红、微商、淘宝客等都属于这一类型，其核心商业逻辑是利用自己一切可以触达的社交网络铺货赚钱，谁的社交网络更大，好友或粉丝更多，谁就越能够赚到更多的利润。

3. 个性定制

个体意识的崛起，让广大消费者的需求更加分化，不同群体的用户，需求点也变得不同，对于高精神需求、体验需求的消费者来说，仅仅提供一个商品或结构，注定是没有任何吸引力的，一个美好的个性化定制体验设计才是数字化时代的核心商业逻辑。

需求侧的不断个性化，逐渐催生了向供应链定制的数字化新模式。以婴儿奶粉为例，在今天的宝妈们看来，宝宝的健康高于一切，因此，为了宝宝的健康，宝妈们舍得花大价钱选择高端高品质的奶粉，于是不少宝妈纷纷选择购买海外的高端奶粉。从人肉背奶粉回国，到让出国的亲朋好友人肉代购，或让专门的海外代购人员购买，再到大猫、京东一键下单直邮到家，宝妈们对海外高端奶粉的需求已经催生出了一条完整的供应链，京东、天猫等都开通了国际频道，还出现了专门经营海外代购的电商，如网易考拉等。

4. 网络众筹

网络众筹也是一种电子商务数字化新模式，比如，开一家餐厅总共需要投资 200 万元，因资金不足便采用网络众筹的方式把其拆分成 100 份，每份 2 万元，成功筹到 200 万元后，100 万元用于餐厅的建设，另 100 万元用于餐厅的经营；而对于出钱的每位用户，2 万块钱即可获得到餐厅 100 次免费就餐的机会，可谓一举两得，互惠双赢。因此，当我们看好一个项目，但又缺少投资资金时，换一种思维，通过网络众筹的方式逆向融资，再困难的局面也能豁然开朗。

······

今天，在电子商务数字化新模式越来越多的大环境下，企业要善于观察新模式、新渠道，这对于企业搭建数字化营销渠道具有重要的参考价值和意义。

第三节　线下线上数字化融合

今天，几乎所有的行业都被数字化大潮所席卷，即便是像理发、餐饮、住宿等只能线下提供服务的行业，也连接到了美团等线上平台。线下线上数字化融合，已经成为摆在所有行业、所有企业面前的重要课题。

线下线上数字化融合，并不是一个简单的数字化问题，如何协调好线下与线上渠道的矛盾至关重要，康柏公司就是一个线下线上数字化融合失败的典型案例。

20 世纪 90 年代末，康柏公司在全球个人电脑行业中占据霸主地位，当时戴尔公司的直销模式给康柏公司造成了一定的威胁。于是，康柏在1998 年发布了官方电子商务网站，直接销售电脑，但为了平衡线下渠道商的利益，康柏公司又专门为线上开发了一套产品，也就是后来的 Prosignia 系列电脑，专为中小企业提供商用电脑。

康柏公司虽然推出了电子商务平台，但前提是不能损害渠道商的利益，实际上这是一厢情愿的做法。果不其然，康柏公司担心的事情还是发生了，渠道商不认为康柏公司这样做是为了与戴尔公司竞争，而是想绕过渠道商，取代渠道商的地位，从而招致了渠道商的不满。

接下来康柏公司的一通操作，更是让渠道商心寒，以北美市场为例，康柏公司将原来 39 个渠道分销商砍成了只剩下几个。虽然康柏这样做仅仅是为了降低压在渠道商手里的库存成本，但最终康柏公司还是被惠普兼并。如今再看，虽然康柏公司并没有通过电子商务取得阻击竞争对手的胜利，但它处理线上与线下渠道矛盾的经验还是可圈可点的。

现在用户的需求越来越多样化，对企业的要求也越来越高。比如，有的人在企业网站上看到了某款产品的促销活动，便付款订购了该产品，待有时间后到实体销售店去取货，这种消费方式很方便，深得消费者喜欢。但这对于企业的线上线下数字化融合就提出了更高的要求，要求企业必须拥有强大的线上线下数字化融合能力，必须做到以下几点。

1. 将线上渠道销售的产品与线下进行区分

康柏公司在开始实施线上渠道战略时，出于对现有渠道商的利益考虑，就在线上渠道专门销售面向中小企业的电脑，也是为了与线下渠道商销售的个人电脑加以区分。同样，美国高科技电子产品零售商 Sharper Image 在开拓线上渠道的时候，只在线上销售库存过剩的产品和反季的产品，这样一来就不会引起线下渠道商的不满，从而取得了非常好的效果。

2. 线上只接受线下零售渠道覆盖不到的地区用户

2009 年 5 月，Amazon.com 公司推出 Kindle DX 电子阅读器，该阅读器具有高速无线互联网接入的功能，用户在线就能浏览大量内容。但是这一做法会对传统媒体造成一定的冲击，为此 Amazon.com 公司想到了一个好办法，与传统媒体如《华盛顿邮报》《纽约时报》《波士顿环球》先商量好，Kindle DX 在促销活动中只面向印刷版覆盖不到的地区读者，这样就兼顾了双方的利益。

3. 线上渠道只处理小额订单

企业也可以从订单额度上对线上渠道和线下渠道加以区分，如线上渠道只处理小额度订购单，渠道大订单依然由经销商来处理。比如，一家名为 Jackson 的公司，在线上销售电焊器材、防护镜等产品，但只接受那些订单不超过 1000 美元的客户，超过 1000 美元的客户，就会被引导到分销商那里，由他们负责处理。

4. 不做具体销售，只做品牌展示

现在不少消费者有网购的习惯，不管是大件产品还是小件产品，但是在线下我们依然能看到一些实体店的存在，而且实体店装修得富丽堂皇，然而进店的人并不多，那么这些店面有存在的必要吗？其实这些店面的存在并不是做具体销售的，只是为了做品牌展示。

第四节　数字化营销的创新发展

提及营销，很多企业都会用投广告、搞活动、做促销三种方法，若是在过去物质比较匮乏的年代，确实是个好方法，但现在产品非常丰富，供大于求，消费者可选择的空间非常大，而且在移动互联网时代，消费者每天都能接到不计其数的广告，他们早已经对各种营销信息麻木了，很难提起兴趣，更不用说记住某个品牌了。

在这种情况下，过去营销的"三板斧"就过时了。在日渐兴盛的移动互联网的影响下，数字化营销越来越受到重视，其最大的价值在于让企业与用户之间建立起亲密的连接。了解数字化营销的创新发展，对于企业搞好数字化营销具有一定的参考和借鉴意义。

今天，"整合营销"的璀璨光芒已慢慢淡去，但实际上，它并不是一个老旧的概念。1991 年，美国西北大学教授唐·舒尔茨首次提出了"整合营销"。所谓"整合营销"，就是把企业的包括户外广告、电视广告、公共关系、SEM、内容营销、终端促销等所有营销活动都看成一个整体，通过不同的传播活动来共同打造一个统一的品牌形象，简单来说，就是通过不同的传播渠道来传达同一个声音。

彼时，互联网还是一个新生的幼苗，对整个营销行业的影响还没有像今天这么大，电视、广播、报纸杂志等传统媒体还牢牢占据着传播的王者地位，大众获取信息的渠道相对单一，在这样的社会大环境下，"整合营销"恰逢其时，成就了一大批知名企业。

"今年过年不收礼啊，收礼只收脑白金""恒源祥，羊羊羊"……用今天的眼光来看，这样的广告词并没有多少出彩之处，但在信息传播渠道单一的20世纪90年代，却依靠电视传播，迅速成为全国人民耳熟能详的品牌。

随着互联网、移动互联网的飞速发展，传统媒体的权利被解构，世界的媒介格局越来越碎片化。整合营销逐渐衰落，取而代之的是数字化的全链路营销。

在2021年的国际数字营销节上，迪思传媒创始人、董事长黄小川旗帜鲜明地指出："现在的营销要做全链路精细化运营，嵌套短链路直效转化。"

所谓"全链路"就是指用户从对产品或企业有认知直到完成交易的整个过程，在以互联网为媒介的这条全链路中，是可以挖掘出关键节点的，企业只需串联关键节点即可，能够大幅度节约资源。如今，一些走在全链路营销前沿的企业，已经开始做全场域和全周期用户触点管理，这种营销方式更侧重直效转化，比传统的整合营销更节约成本、更高效，也更精准。

从"整合营销"到"全链路营销"，这是一种发展的必然。

以抖音和快手等短视频领域为例，短视频全链路营销策略包括三个部分：锁定用户注意力的内容前链路，激励用户完成购买行为的转化后链路，通过粉丝运营等沉淀下来的私域营销空间。

短视频全链路营销生态是一个包括了短视频内容生态、消费转化生态以及粉丝私域流量生态的营销闭环。它以内容为主要锚点，通过娱乐化、碎片化的内容来吸引用户的注意力，然后借助高质量的内容渲染气氛，带入情感，并在此过程中巧妙地将营销信息植入其中，刺激用户产生消费欲望，引导用户进入转化环节。在用户完成购买环节后，营销并未结束，而是进入最后一个环节，通过社群管理、粉丝运营等，对那些观看过内容或者完成购买行为的精准用户进行沉淀，为下次营销奠定良好的基础。

数字时代的营销一方面正在充分享受互联网快速传播带来的技术红利，个人的一条消息也能在极短的时间内迅速传播继而成为全网热点，这大大提升了营销的效率；另一方面营销在数字时代也面临着不小的挑战，越来越激烈的竞争，越来越难以喊出声音的窘境，越来越五花八门的营销玩法，越来越短暂的营销效果……企业必须紧跟数字化营销的发展，才能在数字化营销渠道的构建上占据发展先机。

第五节 各行业数字化营销的异同

以互联网为依托形成的数字经济，彻底打破了传统的商业盈利模式，也彻底颠覆了营销，开启了一个数字化营销的新时代。

和传统营销不同，数字化营销是借助于互联网、电脑通信技术和数字交互式媒体来实现营销目标的一种营销方式，有其自身的鲜明特征。总的来说，二者的区别主要表现在以下几个方面。

一是传统营销的对象是自然人，营销者对营销对象的了解只停留在浅显层面，而数字化营销的对象是基于明确的数据库对象，在互联网大数据面前，每个消费者都可以实现精准大数据画像，从性别、年龄到收入、消费水平以及消费偏好、消费习惯等，数字时代大大加深了营销者对消费者的认识和了解，这意味着营销的精准度在不断上升。

二是传统营销是一种"广撒网"式营销，而数字化营销则是"精准"式营销。在电视台投放广告是传统营销中最常见的做法，简单粗暴，效果立竿见影，诞生了无数家喻户晓的名牌产品。但这种优势在互联网发展起来后被迅速瓦解。互联网的发展和自媒体的兴起，打破了传统媒体组织的垄断式"传播权"，媒体权利被技术发展成功解构，营销的门槛大大降低，与此同时，营销难度却呈几何级数增长。

当数字化营销与各行业产生碰撞后，既有相同点，也有差异。各行业数字化营销的共同点在于都充分运用了大数据，对消费者数据可以进行更深度的分析，因此在数字化的帮助下，营销变得更精准、更高效。

目前各行业数字化营销，均可以利用大数据锁定潜在客户，主要步骤如下。

第一，分析既有的消费者数据。大数据就是我们了解消费者最好的工具，可以通过分析既有消费者群体数据的方向，为精准客户群体画像。分析消费者群体数据，要重点分析消费者年龄、性别、经济收入情况、所处地区、职业因素、消费习惯、消费偏好、更容易受什么信息影响、从何渠道了解本品牌或商品等。这些信息可以很好地帮助我们画出潜在客户的模样。

第二，寻找与潜在消费者重合的内容社区。互联网既像大海一样，有数不清的信息，同时互联网又是由一个个大小不同、形形色色的内容社区组成的。俗话说，物以类聚，人以群分，无数拥有共同特征的人由互联网连接组成一个个内容社区。与寻找单个的、游离的消费者相比，当然是寻找潜在消费者群体更省时省力和有效率。

第三，将与潜在消费者重合的社区、社群作为数字化营销的重点。注意力经济时代已经过去，社群时代已经到来。对于今天的互联网营销来说，单纯追求粉丝数量的营销原则早已经发生了质的改变，追求精准流量，下沉到社群进行更加精准的营销才是发展趋势。

各行业数字化营销的方式方法并不相同，可谓百花齐放、百家争鸣。例如，婴幼儿奶粉行业更侧重于内容营销，内容营销的平台在选择上以电视剧和综艺节目为主，这也是母婴人群最喜欢看的长视频内容。佳贝艾特在综艺节目和电视剧中就表现得十分活跃，其携手《乘风破浪的姐姐》，通过温度绑定多位明星，进行丰富场景的植入，使"佳贝艾特""明星同款""羊奶领军者""营养好吸收"等一些关键词深入人心。

日用品行业则更喜欢通过满减促销、领取优惠券等方式借助直播、品牌日等精准投放至目标客户来进行营销。2021年，在8.18抖音新潮好物节中，联合利华就举办了抖音超级品牌日，在活动前期，联合利华与巨量千川合作，采取"单品类深耕稳定人群模型，结合货品机制提升客单"的投放策略，为该活动导入了大量流量。在生意增量上，联合利华通过巨量云图等平台产品对人群进行分析和精准投放，取得了可喜的战绩。

……

行业不同，产品的消费群体不同，适用的数字化营销方式也会有所差异。总的来说，企业要根据自己所处的行业、不同的产品特性、消费者人群等具体实际情况找出适合的数字化营销方法。

第六节　数字化营销是数字经济发展的先行者

数字化营销是数字经济发展的先行者。互联网发展到现在，主要经历了三个阶段：接入阶段、内容阶段和应用阶段，每个阶段，数字化营销都扮演着先行者的角色。

在接入阶段，即通过互联网把消费者、生产者、销售者联系在一起，马云创业之初的"黄页"就是一个非常典型的例子。从商业逻辑上来说，即通过网站上的信息展示来实现商家与商家之间的联系，只要接入了"互联网"，商家就能够接触到更多的客户，获得更丰富的合作资源。"黄页"最初的作用实际上就是营销，通过"黄页"来打广告、找客户，事实证明确实很有用，由此也带动了一批企业的快速发展，催生了数字经济。

在内容阶段，简单的"黄页"展示已经远远不能满足营销需要了，逐渐形成了"内容为主、服务为辅"的形态。这一阶段，信息的展示更加丰富，但整体上还是通过静态网站来实现内容的展示，不过用户获取内容的方式发生了变化，开始通过搜索引擎来实现。正因为如此，一时之间，搜索引擎成为事实上的互联网入口，涌现出了一大批搜索引擎类产品，如雅虎、搜狗、谷歌等。而数字化营销，也从"黄页"的简易展示进化到了搜索引擎竞价排名、比静态网站更丰富地展示商品或服务的阶段。在此阶段中，数字营销依然是先行者。

这种通过搜索引擎实现内容聚合的机制，有优点，但也存在很明显的缺陷：一是用户分散，难以聚集。内容作者与用户无法互动，就难以建立起长期关系。二是信息流通成本较高。竞价排名让各大搜索引擎赚得盆满钵满的同时，也让内容找用户、用户找内容的成本增加了不少。此外，随着互联网内容的不断增加，在海量信息中实现内容找用户、用户找内容的难度也明显加大。这迫使互联网朝着更高级的阶段继续发展。

在应用阶段，除了各种各样的互联网网站，又出现了内容流型的社交网络，如微博、QQ等。这一阶段，"内容为主，服务为辅"依然是主要形态，但与内容阶段不同的是，内容与服务的提供方式发生了变化，可以为用户提供多种信息块和信息流，内容发现机制也进化了，出现了社交网络账号连接内容与服务模式，内容发布者直面用户成为一种主流，搜索引擎不再是唯一的信息获取渠道。互联网的入口增加了，数字化营销进入了新的营销阶段。优质内容引流、吸粉、固粉等，成为数字化营销的重点。

从商业角度来说，应用阶段给数字化营销插上了"腾飞"的翅膀，主要表现在四个方面：一是用户不再是分散的，社交网络的聚合作用使得用户聚集成为可能，统一的账号体系，让用户与内容发布者可以建立起长期持续的互动关系；二是彻底改变了静态网站呈现内容的方式，信息流、动态内容的呈现显然更能吸引大众的注意力；三是社交网络的发展使得"用户"成为互联网商业的中心，为企业的营销策略指明了方向；四是内容的可持续主动推送，使得内容提供者避免被遗忘成为可能，也可以大大节省用户获取内容的时间和精力。

今天，数字化营销依然是数字经济发展的先行者，并迸发出令人惊叹的生命力、驱动力和发展潜力。

郭富城与快手电商达人辛巴合作，5 秒卖出 5 万瓶洗发水；李湘淘宝直播间 2 小时卖出一个亿美的空调；王祖蓝在快手上直播 12 分钟卖出 10 万份面膜，成交额 660 万元；刘涛竟直播带货卖房，百万公寓 10 秒卖出 10 套，其中最贵的高达 528 万元，最便宜的也要 386 万元……

数字化营销的力量是没有上限的，对于企业数字化转型来说，构建一个强有力的数字化营销渠道至关重要。

第八章
全员转型：数字化赋能全产业链

数字化引发的新浪潮正席卷而来，在颠覆、重构大众生产、生活的同时，也在赋能全产业链，带来亮眼的新变化。

第一节 技术赋能：夯实基础设施

企业数字化转型，离不开数字化技术赋能。数字化技术，可以帮助企业夯实数字化转型的基础设施。

1. 网络通信技术

2019 年，工信部批准 5G 牌照。如今全国 5G 基站的建设正在大范围铺开，截至 2021 年年底，我国已建成 142.5 万个 5G 基站，总量占全球的 60% 以上，5G 用户数量达到 3.55 亿户。5G 与 4G 最大的区别在于，具有更大带宽、更高速率和更低延时；采用 5G 毫米波和中低频的技术手段来传输数据，两者相互配合、相互补充。这是又一次网络通信技术的革命。

2. 芯片技术

芯片技术是构成虚拟世界的坚实地基和强大技术底座。芯片技术的不断发展将会助力"虚拟实境"的实现，届时一个崭新的时代将会到来。

3. 虚拟技术

虚拟，通俗来说，就是计算机生成的特殊环境。虚拟技术在诞生之初是很粗糙的，虚拟出的特殊环境分辨率不高、画质差，容易发生卡顿，无法让人产生沉浸感。如今，随着技术的不断升级换代，计算机生成的虚拟环境已变得越来越逼真，不管是网游还是动漫，戴上耳机，全身心观看画面，便会产生一种非常"逼真"的感受。虚拟技术的不断发展，对企业的数字化转型也起到了一定的助推作用。

4. 数字孪生

数字孪生技术，是指现实社会中的真实自然人可以在互联网构建的数字世界中投射一个"数字生命"。三维数字城市、三维数字地球……伴随卫星定位、大数据、三维、人工智能等技术的发展，在虚拟的互联网世界，正在以"现实"为蓝本，以网络为背景，建设一个个新的数字生命体。

5. 人工智能

从 AlphaGo 开始，人工智能深度学习的能力在明显增强。当人工智能完成了从感知向认知的充分进化，其无疑也会变得越来越"聪明"，可以模拟人的思维或学习机制，变得越来越像人。2023 年年初，聊天机器人ChatGPT 一时之间在国内各大网络刷屏，再次引发了公众对于人工智能的关注和讨论。ChatGPT 的强大之处在于它具有持续不断的自主学习能力，"教一教"就能实现什么都学会。

6. 区块链

区块链技术原理：数据库就像一个账本，读写数据库就是一种记账行为，区块链技术则是找出记账最好，最快的人来记账，记账后的信息会发送给整个系统里的所有人，每个人都可以看到该记账信息，但每个人只能更改自己系统中的该记账信息，无法更改其他人系统中的信息，如此就实现了"信息不可篡改"。因此，用区块链技术记录的信息也就非常安全、可信。今天的区块链技术已经广泛应用于物流、数字货币、虚拟数字资产确权等多个领域。

7. 传感技术

我国从 20 世纪 90 年代开始研究和开发传感技术，经过多次科技攻关，整体形成了传感器的研究、开发、生产和应用的完整体系，如今传感技术已经广泛应用于我们的生产、生活中。在工业化自动生产体系中，传感技术发挥着重要作用，其可以为自动化器械提供实时信息反馈，从而保证自动化程序的正常运行。在交通方面，ETC、无人停车场等都离不开遥感技术的应用。

8.3D 引擎

所谓"3D 引擎"，简单来说，就是可以在计算机内建立一个"真实的世界"的核心主程序。它可以把现实中的一切物质抽象为各种曲线或多边形等多样化的表现形式，然后在计算机中进行计算，最终输出图像，作为这一过程算法实现的集合。可见，3D 引擎是建立"虚拟现实"世界的工具。

数字化技术多种多样，随着时代的发展，还会出现更多的数字化新技术，因此，企业要充分运用数字化新技术为转型赋能。

第二节　生态赋能：打造数字化供应链生态

近年来，随着数字化技术的发展和应用，数字化赋能企业生态建设早已不是什么新鲜事，尤其是在供应链上下游生态数字化方面，展现出了一幅全新的场景。

普华永道国际会计师事务所供应链管理专家斯蒂芬·施劳夫，将全球供应链进一步向数字化转型的过程称为供应链的 4.0 阶段。根据美国数字化供应链研究院的《供应链白皮书》一文，数字供应链是一个以客户为中心的平台模型，它可以获取并最大限度地利用来源不同的实时数据进行需求的刺激、匹配、感知和管理，以提升业绩并降低风险。

数字化供应链打破了以往供应链各个环节的壁垒，将供应链的整体设计、智能采购、智能仓储、智能零配件管理、可视物流、自动投递等环节形成了完整的、网络状的有机生态系统。依托数字化技术打造高效的、生态化的供应链体系，是不少知名大企业成功的重要原因，众所周知的苹果品牌就是一个典型案例。

2018 年 8 月 4 日，苹果市值突破万亿美元，成为美股首只市值破万亿美元的美国公司。苹果的成功，不仅是因为产品的创新，更在于出色的生态型供应链，苹果曾连续 8 年在知名咨询公司 Gartner 的全球供应链 25 强上占据榜首。

2016 年，苹果卖掉了价值 1913 亿美元的 iPhone、iPad 和 iMac，占总营收的 84%，而这一年苹果账上的库存只有 2.17 亿美元，也就是说苹果几乎将所有产品都卖光了，苹果的获利完全不受库存跌价的影响。

可以毫不夸张地说，没有高效的、生态化的供应链，就没有今日苹果的辉煌。1997 年，乔布斯重新掌舵苹果后，就将库克挖了过来。库克是著名的供应链专家，苹果将他挖过来，其目的不言而喻。当然，库克也没有辜负乔布斯，他将苹果打造成了世界一流的供应链，低成本、高质量、快速复制产品，从而让苹果成为世界上最值钱的公司。

《史蒂夫·乔布斯传》中有一段描述库克是如何帮助苹果建立高效供应链的文字，内容是这样的：

库克把苹果的主要供应商从 100 家减少到 24 家，并要求他们减少其他公司的订单，还说服许多家供应商迁到苹果工厂旁边。此外，他还把公司的 19 个库房关闭了 10 个。库房减少了，存货就无处堆放，于是他又减少了库存。到 1998 年年初，乔布斯把两个月的库存期缩短到一个月。然而到同年 9 月底，库克已经把库存期缩短到 6 天；下一年的 9 月，这个数字已经达到惊人的两天——有时仅仅是 15 个小时。另外，库克还把制造苹果计算机的生产周期从四个月压缩到两个月。所有这些改革不仅降低了成本，而且也保证了每台新计算机都安装了最新的组件。

经过常年不懈的改进，苹果目前拥有无缝流线型供应链，产品从合同制造商那里出发，经过第三方发货公司，直接去到消费者手中，前后不过几天时间，整个过程非常短，存货周转率非常高。

此外，苹果会通过监测其零售商店、网站和第三方经销商的销售情况，基于需求重新分配手机订单，对 iPhone 的货量和调配进行不断完善。在这个过程中，苹果几乎能做到零库存。

打造数字化供应链，可以简化交易模式，改善用户体验；可以主动感知需求，提升运作效能；还可以建立透明图景，识别出关键的供应路径。

随着大数据、物联网、云计算等信息技术的出现，数字化赋予供应链即时、可视、可感知、可调节的能力，把线下的、物理的供应链要素线上化、数据化、生态化。打造数字化供应链作为企业数字化转型的重要一环，已是大势所趋。

第三节　市场赋能：数字化创造商业新蓝海

数字化技术正在推动无数商业活动以一种匪夷所思的方式进行变革，这种变革是突破绝大多数人想象的，也必将会重塑未来的商业形态、市场形态。

"很久很久以前，巨龙突然出现，带来灾难，带走了公主又消失不见，王国十分危险，世间谁最勇敢，一位勇者赶来，大声喊，我要带上最好的剑，翻过最高的山，闯进最深的森林，把公主带回到面前，国王非常高兴，忙问他的姓名，年轻人想了想，他说陛下我叫达拉崩吧斑得贝迪卜多比鲁翁……"

这是 2017 年发布的单曲《达拉崩吧》的歌词，除了魔性的、玩世不恭的歌词、曲调外，这首单曲最大的亮点是歌手。这首歌曲是由虚拟歌姬洛天依、言和联合演唱的，在 2019 年江苏卫视的跨年演唱会上，知名歌手大张伟与虚拟歌姬洛天依再次合唱了该歌曲，也让更多大众知晓了虚拟歌姬洛天依。

洛天依，中国内地女歌手，上海禾念信息科技有限公司旗下艺人，但与其他真实自然人歌手不一样的是，洛天依是虚拟形象，或者也可以称其为虚拟人、数字人，她是以雅马哈公司的 VOCALOID3 语音合成引擎为基础制作的。2012 年 7 月 12 日，洛天依作为中文虚拟歌手正式出道。

和现实世界的歌手一样，洛天依也有很多音乐作品，除了上述提到的《达拉崩吧》外，还有《千年食谱颂》《三月雨》《末世 DISCO》《做我自己》《听我说》等；也同样发布了不少音乐专辑，如《恋爱理论》《平行四界》等；还开了不少演唱会，从韩国到上海，再到央视春晚，洛天依的全栖秀，让大众产生了一种"科幻感"。

和现实中的名人一样，洛天依也有自己的粉丝。实际上，洛天依并不是唯一的虚拟偶像，初音未来、柳夜熙、小漾等一批虚拟数字人也相当具有影响力。目前，国内部分互联网公司、传媒公司已陆续入局虚拟数字人，探索新的商业蓝海，从虚拟主播、虚拟 UP 主、虚拟主持人，到虚拟模特、虚拟偶像，纷纷出现在大众视野中。可以说，这是数字化创造商业新蓝海的一个典型实例。

互联网时代，每个人都成了一串数字、一种流，每个人的购物记录、购买偏好、账户、流水，阅读喜好、时长……一切都被互联网解构成了数字，在大数据技术的加持下，都变成了一幅幅清晰的消费者个人画像。基于此利好，每家企业都要充分运用数字化技术为市场赋能。

科幻小说《三体》中有这样一句极富哲理的话："我要消灭你，与你无关。"纸张消灭竹简，与竹简无关；签字笔消灭钢笔，与钢笔无关；手机消灭胶卷相机，与胶卷相机无关；电脑 CAD 制图消灭手工制图，与手工制图无关；数码印刷消灭胶片印刷，与胶片印刷无关；计算器消灭算盘，与算盘无关……在历史的发展长河中，新事物总是会替代旧事物。数字化席卷而来，必然会裹挟着人们开启一场新的数字化、虚拟现实之旅。企业只有积极拥抱数字化，为市场赋能，才能在依附互联网、移动互联网而不断升级的消费市场中始终占据主导地位。

第四节　团队赋能：优化企业组织结构

互联网和数字化技术的发展，也给企业带来了新的组织形式。充分利用数字化带来的组织形式，为团队赋能，优化企业组织结构，可以帮助企业更好地实现组织数字化转型。

互联网诞生以来，全球经济进入发展的快车道，整个社会的发展呈现出易变性、不确定性、复杂性、模糊性的典型特征。为了适应这种环境，企业必须建立起与之相应的组织结构，拥有快捷资源重组和战略调整的能力，以快速响应市场变化，应对随时可能到来的危机。敏捷型的组织结构应运而生。所谓敏捷型组织，就是能够对市场变化作出快速反应的组织结构。

敏捷型组织的典型特征如下：

一是柔性管理。国民社交工具微信在开发的过程中并不是定员定岗的管理模式，关于此，微信创始人张小龙曾说过，"很多岗位需求是根据对客户需求的理解临时产生的，存续期甚至只有两三个月，都来不及写职位说明书"，这就是典型的柔性管理。柔性管理的核心逻辑是根据项目和任务的需求，灵活且富有弹性地匹配员工的才干。这种管理方式可以让组织保持高度的敏捷性，但却大大提升组织管理和人力资源工作的难度和要求，稍有个慎就容易"一放就乱"，不仅难以达到理想效果，还可能让组织管理变得更糟糕。

二是信息透明。在谷歌内部，CEO 每周都会亲自给所有员工发送邮件，邮件内容是阐述组织的重大决策，指明下一步行动规划。这就是信息透明在企业管理中的实际应用。向每位员工公开能够公开的所有信息，能够有效避免员工的迷茫，帮助其在多变的环境和多变的组织形式中找到工作的方向。

伴随着互联网经济的发展，出现了平台型组织结构。互联网的出现，让整个经济市场出现了颠覆性的大改造：交易的场所从线下转移到了线上，交易地点不再受到物理空间的限制，交易时间扩展到了一天 24 小时，交易的速度变得更快了；很多传统的中间环节消失了。可以说，互联网的出现，使得平台型组织成为可能。

所谓平台型组织，就是利用高速的信息流、便捷的物流、充沛的资金流等，以契约关系为连接纽带，组建以服务客户为核心的平台。

一般来说，平台型组织有固定的组织范式，即后台 + 中台 + 前端 + 生态。平台一方面可以架构组织外部的生态，为广大客户提供一体化解放方案；另一方面平台可以拉通组织内部的工作流程，使市场与组织形成无阻碍对接。今天，我们非常熟悉的很多互联网企业都采用了这种组织形式，比如支付宝、京东、美团、饿了么等。

平台型组织是一种非常讲究规模效应的组织结构，越小的平台，竞争力越弱，越大的平台，竞争性也越强。

迪伊·霍克认为，一个健全的组织应该是开放的，是居于"混沌"和"有序"之间的"混序"组织。法国哲学家莫兰用来表达复杂性的"有序—无序—相互作用—组织"，从另一个侧面展现了这种组织内部的结构。

混序组织的核心是人，即每个人都是可以自我组织、自我管理、自我发展的个体，而由人组成的组织，实际上也是可以实现自我组织、自我管理、自我发展的。这就要求组织必须保持开放性，因为只有足够的开放性，才能让组织中的每个成员发自内心地为组织的愿景、价值而努力。

混序组织能够最大限度地激发组织成员的积极性、创造性和建设性，可以让组织始终保持进取的活力，避免组织结构按照熵增原理逐步衰退为"死结构"。而企业可以根据自身的业务特点、实际情况，选择合适的组织结构来实现团队赋能。

第五节　管理赋能：更低成本、更高效率

如今，网上办事已经成为稀松平常的事情，如网上预约挂号、网上查询个人社保缴费信息、网上报税等。虽然并不是所有事情都能在线办理，但在习近平总书记"让数据多跑路，让百姓少跑路"的指示下，政府信息化、银行信息化、医院信息化……信息化、数字化的浪潮，已经让大众看到了一个数字中国。

互联网、移动互联网的快速发展，使得数字化技术对管理效能的提升，不仅体现在国家政务方面，在商业领域也具有非常突出的表现。

某食品厂以生产短保品为主，短保品要在不添加防腐剂的同时，又能保存食品的风味，时间要求非常高。因此针对短保品的供应链需求预测就显得非常重要，而一旦需求预测过多，就会形成过多的临期或者过期产品，造成浪费，增加企业成本。

之前，该食品厂的需求预测主要采取的是人力手动汇总大量的 Excel表的形式，但这种方式费时费力，还容易出错。现在该食品厂引入了需求预测系统，过去烦琐的工作都由系统化操作来完成，大大降低了预测数据

填报难度，提高了完成速度。需要预测系统的工作过程是：各个部门通过统一的协同流程填报数据，将所有数据导入系统进行运算，系统再根据历史预测的准确度，对各个部门提报的预测值给予不同的权重，产生一个协同建议值，然后食品厂再以这个建议值为依据，预测出应该主推什么产品，备多少货，是否需要加大促销等，在提升库存周转率的同时也不损失订单满足率，平均周预测准确率从之前的45%提升到了86%，同时日库存也下降了50%。值得一提的是，使用以数据统计为基础的需求预测系统进行预测，无论是产品的大类、小类，还是SKU,却能够从产品、销售、生产等不同岗位人员的角度予以灵活呈现。

数字化技术可以帮助供应链和企业简化交易流程，降低双方交易成本，有些企业自己开发电子商务系统，通过网站、EDI和其他信息技术手段，把ERP里的订单、图纸、规范等信息分享给供应商，不仅节省了人力，还提高了附加值。

不管是库存管理，还是采购管理，抑或是人员管理、业务管理，企业都可以充分利用数字化技术来提升管理效能。

第六节　文化赋能：打造品牌IP

随着信息技术的飞速发展，无数互联网品牌快速崛起、同质化竞争日益激烈。越来越多的企业为了让自己的品牌在市场上更有标签和辨识度，开始充分借助互联网、数字化，着力打造自己的品牌IP，希望能让更多的用户记住自己。

在众多IP化运营案例中，网易《第五人格》的IP化运营应该算是一个经典。在创立初期，《第五人格》曾一度被认为是某种"小众化"的产品，结果这个"小众化"的产品却在上线后短短10天内突破1000万DAU，在手游市场上掀起了一阵"非对称竞技"的游戏旋风。

除了上线后取得的初步成功外，《第五人格》在后续运营中也带来了不少惊喜，不仅持续丰富了游戏生态内容输出，还成功打通圈层，在UGC、电竞、IP联动等多个领域都取得了极为亮眼的成绩，这也让原本被定位为"小众化"产品的《第五人格》成功走向了大众化的发展路线。

《第五人格》之所以能从"小众化"产品变成"自主IP"，离不开网易公司的IP化运营。下面就来简单介绍一下网易公司是怎样运营《第五人格》的。

1. 不断进行内容创新

从上线时被定位成"小众化"产品，到由黑马成长为市场上最具代表性的风格化产品之一，《第五人格》成功与 IP 运营方不断进行的内容创新有着密不可分的联系。

此前，《第五人格》就对"非对称追逃"玩法进行了合理的还原及调整，引得众多玩家津津乐道。但除此之外，《第五人格》仍在源源不断地进行内容创新，不仅给老玩家带来了新鲜感，还持续吸引了不少新粉，维持了 IP 良好的内容生态及玩家黏性，让其一直保持着蓬勃的活力和生命力。

例如，在此前的《第五人格》三周年庆典中，网易就推出了名为"孤月女校事件调查"的全新主题活动。在该活动中侦探们将与"真相小姐"一同前往孤月女校，在沉浸式的游戏体验当中探寻其中掩藏的秘密。该主题活动包含了大量的剧情和对白，而且还推出了全新的限定周边礼盒以及配对时装，用来补充平行世界的故事。

随着全新平行剧情的加入，网易公司也正式公布了与平行剧情相关的企划海报，且该企划海报还有一个十分应题的名字——真理之下，一语双关的同时完美契合了《第五人格》的世界观和独特风格。

2. 通过"伏笔"打造独立于主线之外的平行世界框架

据了解，在《第五人格》三周年庆典的追加剧情中，对前两次周年庆中的相关故事线和伏笔进行了回收，以串联之前碎片化的叙事，进而形成了一个完整的平行世界。

现在同类游戏的生命周期大多短暂，敢于像《第五人格》这样跨越长时间的时间叙事回收"伏笔"，花费大量时间和精力去打造独立于主线之外的平行世界框架的游戏运营方简直凤毛麟角。

不过这种对于内容的精心打磨使得 IP 更具魅力，通过高质量的内容输出，不仅可以营造好口碑，更能获得玩家的认可和喜爱。

3.IP 联动 + 跨界合作

如果说适配移动端的玩法设计和持续不断的内容创新是《第五人格》成为爆款的基础，那么"IP 联动 + 跨界合作"的双重打法就是让《第五人格》突破到大众圈层的"催化剂"。

早在游戏运营初期，《第五人格》就疯狂和众多经典 IP 进行联动，尤其是与《伊藤润二惊选集》和《剪刀手爱德华》这些悬疑系列作品的联动宣传，因为与游戏本身夸张独特的"蒂姆伯顿风"美术风格极其适配，因此引起了不错的反响。

随着市场上 IP 联动营销的越发成熟，《第五人格》也不断扩展联动范围，与《名侦探柯南》《女神异闻录》以及《枪弹辩驳（弹丸论破）》等现象级 IP 都有过合作，不仅收获了人波热度，还成功引流了众多经典 IP 粉丝。

在这之后，《第五人格》还开始将 IP 联动方向从悬疑题材过渡到更多领域，除了推出和 GSC、Ashley wood 以及《太鼓达人》合作的联名周边外，还与淘宝、QQ、KFC 等品牌进行跨界营销。

通过各种 IP 联动和跨界合作，《第五人格》不仅在游戏内持续为玩家增添惊喜感和新鲜感，还不断尝试打破游戏与现实之间的"次元壁"。在网易持续 IP 化的运营下，《第五人格》已经将自己的影响力从最初的非对称竞技领域逐步辐射到现实生活中来，不断刷新着人们对 IP 的认知。

从上述案例可见，企业要想进行数字化转型，就要充分运用互联网、数字化的力量，积极打造品牌 IP，进行文化赋能，来提升影响力和市场占有率。

第九章
转型陷阱：数字化转型五大误区

数字化转型是一个新事物，认知不清、经验不足，在转型过程中就难免会走弯路或犯错误。了解数字化转型常见的五大误区，帮助企业提前避开陷阱。

第一节　一味效仿，丧失自我的转型

A公司是一家专门经营老年营养品的销售企业，销售方式主要是会销。公司组建了一批销售讲师团，在各个地区开拓市场，取得了很好的销售成绩。经过十多年的市场深耕，公司业务稳步增长，客户认可度不断提高。但近年来，不少C端销售型企业纷纷开始布局数字化，从App商品展示＋会员系统＋线上下单，到微信小程序在线咨询＋在线选购，同行们眼花缭乱的数字化新玩法，让业绩稳步增长的A公司产生了极大的"落伍感"和"焦虑感"。于是，为了不被时代抛弃，A公司快速布局了数字化转型战略，历时半年多，投入不少资金，精心打造出的手机小程序终于上线运营了。

伴随着小程序的上线，A公司的业务模式也在悄然转变，从以会销为主转变成以推广小程序为主，试图将客户从线下成功转移到线上。但实践证明，A公司的数字化转型是失败的。原来，公司客户主要以老年人为主，绝大多数老年人对智能手机各种小程序操作并不熟悉，即便是工作人员耐心讲解，老人们还是嫌麻烦，一听购买产品还要用手机操作小程序这么复杂，便纷纷选择放弃购买。而在 A 公司积极推广小程序的同时，一大批同行依然在采用传统的会销模式，当 A 公司反应过来数字化转型不可行，想走回原来的老路的时候，才愕然发现，市场已经被同行吃掉了大半。

"追逐热潮、一味效仿"是很容易中招的一个数字化转型陷阱，A 公司数字化转型的失败就是非常典型地走入了这一误区。面对席卷全社会、全行业的数字化浪潮，实际上很多企业并没有清晰的数字化认知，往往是看到别人建网站，自己也建网站，别人开发 App，自己也开发 App，模仿别人数字化转型的成功路径，看似做得有模有样，实则一塌糊涂。在现实的商业领域，我们看到那么多企业，花费大量金钱、精力打造的网站、App、小程序，乏人问津，没有点击率，也没有用户，本质上就是"一味效仿"的结果。

搭建一个像京东、拼多多似的购物网站，从技术层面上来说并不难实现，但为什么其他购物网站没有做到京东、拼多多的规模？原因在于，企业的数字化转型是基于企业自己的产品特点、运营能力、消费群体等实际情况的，而非千篇一律，因此必须进行战略级的系统布局，否则只会令企业不仅丧失原有的优势，还会错过自我转型的最佳时机。

第二节　技术先行，然后再转型

技术改变世界，科技成就未来。伴随着互联网行业的快速崛起，越来越多的人看到了"技术"的力量，在互联网这一"技术密集型"行业，有太多技术创造的神话：不断发展的通信技术让我们可以通过手机、电脑无卡顿地实现视频即时通话；移动支付系统让全国 14 亿多人民实现了智能手机购物；强大的互联网络可以即时搜索到我们所需的信息……可以毫不夸张地说，互联网相关的新技术重塑了整个社会，也重塑了我们每个人的工作、生活方式。这也使得"技术改变世界"的观念深入人心。于是，一些企业在进行数字化转型时，理所当然地认为"技术先行，才能转型"，殊不知这恰恰是数字化转型的又一大误区。

C 算得上是 IT 行业的技术大佬，曾在多家知名互联网大厂担任要职，后进入一家老牌传统型企业，助力其数字化转型。技术出身的 C，一直秉承着"技术先行"的工作路线，入职后就立马操刀了该企业的工作流程数字化，经过半年多的忙碌，数字系统成功上线，确实起到了提高效率、降低成本的作用，C 也因此得到了领导的赏识，被委以全权负责数字化转型的重任。

在技术出身的 C 看来，人工智能有望开创 PC 互联网、移动互联网后的第三时代，如果能在深度学习、人工智能技术方面有所突破的话，企业必然也会跃迁至数字化转型的前列。时值人工智能概念火爆，全球范围内超过 100 亿美元纷纷涌入人工智能领域布局之中，因此公司同意了 C 集中资源主攻人工智能技术的想法。

半年过去了，一年过去了，该公司在人工智能技术上确实取得了一点突破，但技术却无法市场化、商业化。一边是不断投入的金钱、人力，一边是看不到预期的收益，这对于必须盈利才能活下去的企业来说是有害无利的。因此，从这个角度来看，这家公司的数字化转型是失败的，它陷入了"为发展技术而发展技术"的怪圈中，忘记了技术只是手段、方法、工具，而不是目的。数字化转型，一定是战略先行，只有明确了战略，要做什么，走哪条路，才能让技术更好地发挥出效用，最终达到企业发展的目的，否则便会事与愿违、以失败收场。

企业的数字化转型，从来不是一个单纯的技术问题，战略是优先于技术的更高存在。只有摆正战略与技术的关系，坚持数字化转型战略先行的原则，才能根据目的，更合理、高效地配置技术资源，最终成功实现数字化转型。

第三节 尚无危机，没必要转型

尽管数字化转型成为不可逆转的趋势，但仍然能听到诸如此类的声音：企业尚无危机，没必要进行数字化转型。尤其认为，对于历史悠久、业务成熟、平台稳定、广大客户熟悉甚至认可度仍较高的业务，完全没必要进行数字化转型，这种情况下硬要推进数字化转型，反而会导致业务下滑，加速企业衰落的过程。实际上，这种认知恰恰是非常典型的数字化转型误区。柯达就是一个非常典型的例子。

2012年1月19日，柯达胶卷停产，柯达正式宣布破产，曾经全球知名的摄影行业巨头，就这样倒下了。破产前，柯达拥有一万多项专利，包括1100项数字图像专利，其数字技术远远超过任何同行。既然柯达胶卷是全世界最好的胶卷，柯达的数字技术水平远超同行，为什么会破产呢？今天，带着历史的眼光，我们可以轻而易举地找到答案：手机拍照多方便，谁还用胶卷啊！时代抛弃你的时候，连招呼都不打一声。

1975年，柯达实验室诞生了世界上第一台数码相机。从技术层面来说，占据领先优势的柯达，完全有机会成为数字行业的领导者，完全可以借助数字化转型再攀新峰，再创辉煌，但它放弃了，因为"尚无危机，没必要转型"的错误认知。在相当长一个时期，柯达作为胶卷行业的老大，构筑了在电影业务上的绝对垄断优势，这让企业获得了巨大的利益，经营模式驾轻就熟，没有一个竞争对手可以赢过自己。在那种表面看似毫无危机的情况下，柯达的领导人很难走出舒适区做出创新转型的决策，毕竟没人能想到，打败柯达这个胶卷业巨头的不是任何一个胶卷公司，而是智能手机。

在互联网高度发达的今天，行业与行业之间的界限正在变得模糊，跨界变得稀松平常，企业的竞争对手有可能来自四面八方，而不仅仅是同行。在这样的情况下，无论企业是否有危机感，都要尽早推进数字化转型，因为全球数字化已经成为不可逆转的历史发展大趋势，逆势而为无异于以卵击石。

第四节　产业链前端无须转型

"直接面对消费者，把商品卖给消费者就行了，有什么转型不转型的，和数字化转型更扯不上什么关系。"这种认知在各行各业直面客户的产业链前端普遍存在，实际上这种"产业链前端无须转型"的观念正是数字化转型的典型误区。

在过去的几年里，微商成就了很多普通人，也成功渗透到了每个人的工作和生活中，每个人的微信朋友圈里，都有"微商"，售卖的商品从奶粉、尿不湿、婴儿奶嘴等母婴用品，到面膜、化妆品、服装、鞋帽等，再到燕窝、海参、水果、粮油等滋补品、食品，还有不少五花八门的课程、讲座等文化产品，真是包罗万象、   五花八门，到了无产品不微商的地步。

尽管不少人对于微信朋友圈里天天刷屏的各类产品广告感到厌烦，但不管我们是否愿意承认，过去几年，微商确实遍地生根，成为一种不可忽视的重要商业形态。

那么，今天的微商们发展得怎么样呢？随着移动直播的兴起，流量早已经从微信朋友圈迁移到了各类直播领域，有些微商搭上了直播、短视频爆发的快车，成功实现数字化转型，从朋友圈图文展示升级为直播视频卖货，生意更上一层楼，但更多的微商则是没能及时进行商品展示方式的转型，最终悄无声息地消失在了数字化的商海里。

当绝大多数网民都在刷视频，懒得看文字和图片的时候，固守在文字、图片表达方式上的商业模式是没有未来的。以淘宝为例，视频大大提高了流量的转化率，据相关数据显示：相比单纯的图文，淘宝上短视频可以帮助商品提高 20% 的转化率。火爆异常的网络直播卖货，本质上就是一种属于顾客界面的数字化创新。在今天，网上销售如果没有把传统的商品图文展示升级成直播互动的数字化新场景，那么便没有发展的未来。

从古至今，随着时代的发展，产业链前端的形态在不断发展演变：从挑着担子或通过马帮运输等方式在各地流动销售商品的"行商"，到拥有集市摊位、店铺等固定经营的场所，坐等顾客上门的"坐商"，再到互联网商务的兴起，通过电脑、网站等做生意的"电商"，以及进入移动互联网时代，通过移动方的 App 做生意的"微商"，再到现在的坐在直播间中通过实时视频向广大消费者介绍商品的"播商"……如今没有转型，没有跟上时代的发展，企业就只会被后浪拍死在沙滩上。在数字化的浪潮下，没有任何一家企业可以不受影响，数字化转型是必经之路。而且，对于企业而言，不管是处于产业链前端，还是处于产业链中的其他位置，都要积极推进数字化转型。

第五节　缺乏人才，难以转型

"我们也知道数字化转型是大势所趋，可缺乏人才，实在是难以转型。"这是国内不少传统型企业或小企业的心声。对于地处小城市、偏远地区的企业来说，本地几乎没什么数字化人才；再加上地理位置和薪水待遇不佳，因此也很难从其他地方吸引到优秀的数字化人才，这就使得这些企业的数字化转型陷入了"无米下锅"的窘境。不仅如此，地处大城市的小企业，限于企业规模和发展空间，也一样很难招揽到优秀的数字化人才。

"缺乏人才，难以转型"是一个非常常见的数字化转型误区，有些企业陷入这一误区，一直被人才问题捆绑，迟迟不能推进数字化转型，最终丧失最佳转型时机，遭遇转型失败；有些企业则走出了缺乏数字化人才的误区，转型成功。

A、B 同是不发达小城市的传统生产制造型公司，对于数字化转型，两家企业面临同样的困境，即没有专业化的数字化人才。"没有人才，怎么数字化转型"，A 公司陷入了这一认识误区，于是选择通过招聘数字技术人才来推动数字化转型。

A 公司开出了不菲的薪酬大规模招聘数字技术人才，经过了 5 个月的不懈努力，基本组建起了一支数字化队伍，但由于都是新人，在公司的文化融入、整体协调配合度等方面，都需要足够时间的磨合，加之人员的流动，一年后整支队伍才粗具战斗力，完成了公司内部流程的数字化。但同行们的数字化转型速度要快得多，一年时间内其他企业早已完成了数字化转型，因而导致 A 公司市场被抢占，出现萎缩。如此看来，A 企业的数字化转型失败了。

我们再来看看 B 公司的做法。同样面对没有数字化人才这一问题，B 公司则是截然不同的思路，公司领导层先是充分研讨确定了数字化转型的战略、时间线，决定一年内基本完成数字化，然后便将目光投向了市场上的第三方技术服务公司。在收集了大量的第三方技术服务商后，B 公司两周内便选定了合作商，签订了合同。随即，第三方技术服务商的数字技术人员入场，这些技术人员经验丰富，加之 B 公司将数字化转型放在了战略高度，短短 3 个月就完成了内部流程的数字化，一年后成功实现了完成数字化的目标，抢占了数字化转型的先机，带动公司业绩的爆发式增长。

在人才和技术服务都高度市场化的今天，千万不要让公司缺乏人才成为拒绝数字化转型、数字化转型推进缓慢的借口。缺乏数字化技术人才的解决方法很多，可以像 B 公司一样与第三方技术服务商合作；也可以参照牧原食品股份有限公司的做法，到上海、北京等数字化人才集聚的城市、地区成立新公司，吸引数字技术人才的加入；还可以通过投资、控股、股权合作等方式参与到数字化产业中，助推企业的数字化转型。

第十章
细节定成败：数字化转型注意事项

数字化转型往往机遇与风险并存，滔滔洪流席卷，多少企业因数字化转型失败而黯然退场。细节决定成败，数字化转型九死一生，别让企业倒在那些细微之处。

第一节　要有清晰可量化的KPI

没有考核就没有执行，没有执行，再好的数字化转型战略都是一场空。因此企业 CEO 需要制定一套 KPI 来评估目前业务模式的数字化进程。KPI 可以帮助 CEO 衡量数智业务的效率，及时调整数字化模式。比如，销售领域的数字化转型 KPI 可以帮助侧重于销售业务的企业根据数字化渠道衡量销售比例，从而评估数字化对公司销售业绩的帮助。CEO 可以对运营、供应链、产品、客服等企业运营管理的不同方面设定数字化目标和 KPI。例如，仓储方面，在数字化 KPI 的推动下，某企业在一定时间内库存可由 20 亿元降为 5 亿元。

绝大多数企业在开展数字化转型时，往往都能够意识到需要制定与之相应的 KPI，但却常常输在"细节"上，如 KPI 不够清晰，没有量化，辛苦制定出来的 KPI 变成了摆设，压根不起作用或是作用微乎其微，导致数字化转型战略的执行缺乏组织内驱力，从而引发数字化转型的失败。

成立于 1979 年的美国高德纳咨询公司，是全球第一家信息技术研究和分析公司，长期致力于信息技术的研究和分析业务，在接受记者采访时，高德纳的分析师谈道："定义数字化KPI的最大难点在于缺乏可明确量化的数字化目标或者战略。你很难去衡量没有度量标准的东西。"

细节决定成败，数字化转型要特别注意KPI的清晰、可量化。那么，什么样的KPI才是清晰、可量化的呢？

1. 明确的时间点

数字化转型的KPI指标，不管是长期的还是短期的，一个清晰、可量化的数字化KPI一定会有明确的时间点，也就是KPI考核的时间跨度一定是清晰的、明确的，比如是针对哪一段时间的。如果没有把时间作为一个关键影响因子考虑进去，针对企业不同时间段的任务情况分别搭建与任务相适应的KPI指标，那么，KPI就是不清晰的。

2. 量化的数字指标

由于数字化转型往往是非常难以量化的，不少企业往往会不自知地将数字化转型的KPI模糊化，比如，一年时间完成公司所有工作流程的数字化，那么公司的所有工作流程都包括什么？完成数字化的标准是什么？达到什么程度可以视为完成数字化？分解到每个月，要完成哪些具体工作？分解到每周要完成哪些事项？分解到每个人每天要做什么？一定要用具体的可量化的数字指标来衡量KPI，因此可以采用这种不断连续追问的方式检验是否还有进一步可量化的指标，直到所有的事项都转化为实际的、具体的、确切的数据，无法再提出新的问题为止。

清晰的、可量化的数字化KPI指标可以帮助企业确定其数字化战略取

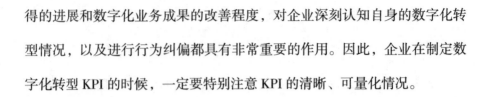

得的进展和数字化业务成果的改善程度，对企业深刻认知自身的数字化转型情况，以及进行行为纠偏都具有非常重要的作用。因此，企业在制定数字化转型 KPI 的时候，一定要特别注意 KPI 的清晰、可量化情况。

第二节　量化各领域数字化价值收益

在企业进行数字化转型的过程中，CEO 不仅要制定清晰、可量化的 KPI，还需要与不同部门的高管合作，量化数字化将为各部门带来的收益指标。在量化各领域数字化价值收益方面，企业尤其要注意：必须将清晰、可量化的 KPI 拆解到每个领域、每个部门，从销售到财务，从客服到供应链，每个领域都不能放过。

数字化转型，从来不是单纯的首席数字执行官或数字转型相关部门的事，在量化数字化价值收益时，要关注的领域和范围也不能仅仅局限在数字化部门，而是要覆盖到全公司、全领域、全员，这是需要特别引起注意的地方。

总的来说，量化企业各领域数字化价值收益主要分为三个部分工作。

1.量化数字化价值总收益

企业开展数字化转型，其根本目的是为了生存、盈利，因此一个清晰的、明确的数字化转型战略，一定会有清晰的、可量化的数字化价值总收益。找到企业数字化价值的总收益，是量化各个业务领域数字化价值收益的基础和前提。

2. 梳理业务领域和组织构成

不同企业所处行业不同，内部的组织架构也千差万别，涉及的业务领域也不同。得到企业量化的数字化价值总收益后，企业需要对其内部的所有业务领域和组织构成进行梳理，在梳理过程中要保证既没有漏网之鱼也没有重叠，如个别业务领域或组织存在交叉、边界难以界定等情况，要及时解决争议，明确责任，划分好责任田。

3. 数字化价值收益分解

数字化价值收益分解是把一个相对整体的指标分解成若干个子指标，然后再将得到的每个子指标匹配给相应的业务领域或组织部门，便于实行考核。

一般来说，数字化价值收益分解主要有两种方法：一是总分法，就是把总指标拆分成若干个子指标，所有子指标全部加起来就可以得到总指标。这种分解方法适用于企业数字化价值总收益到各个部门数字化价值收益、部门数字化价值收益到部门成员数字化价值收益的分解。二是渐进法，顾名思义就是按照各部分的逻辑递进关系，逐次获得各项子指标。比如企业的数字化价值收益总体指标是盈利 100 万元，按照逻辑关系，要先有收入，即先确定营业收入的指标，有了收入还要节流，然后依次确定成本指标，此外还要有足够的产品用来销售，即确定生产指标……这就是渐进式的分解法。企业可以根据自身数字化转型的特点，选择合适的分解方法。

第三节　警惕数字化转型的败局

在 2016 年的瑞士达沃斯世界经济论坛中，埃森哲公司的主席兼首席执行官 Pierre Nanterme 先生指出，未来的每一个行业中的每一项业务都将是数字化业务，数字化革命只是刚刚开始。他还指出："数字化转型失败，是自 2000 年以来有一半的世界五百强公司在这份名单中消失的主要原因。"

柯达发明了数码相机却被数码相机革了命，诺基亚最先发明了智能电话，其手机业务却被智能电话终结。这些昔日的江湖大佬们的惨痛教训无时无刻不在提醒着我们，数字化转型并不是某个部门（如 IT 部门、R&D 部门）的事情，而应是全组织层面，特别是高层管理者的核心议题。

总的来说，数字化转型失败的主要原因有六个。

1. 准备不充分，匆忙转型

哈克特集团技术转型负责人 Michael Spires 表示，当 2020 年新冠肺炎疫情来袭的时候，"大家看到了各种挑战并提出了及时的解决方案"来应对这些挑战。这意味着，他们并不是在解决潜在技术问题或者思考如何完成工作，而是采取"我们遇到了危机，我们要做出回应"的态度。

如果发生危机事件，准备不充分就匆忙转型，那么必然会遭遇数字化转型败局。"你可以这样做6~18个月，以达到你的目的，例如应对疫情带来的各种挑战，但是这么做并不会建立起一个长期的、转型的技术平台，也并不一定会改变你与利益相关者的沟通方式。"

2. 没有制定清晰的愿景

没有清晰的数字化愿景，企业在数字化转型的过程中就会偏离正确的发展路线，最终遭遇数字化转型的失败。

企业管理者一定要有展望未来的野心，能够把握未来十几年、几十年的数字化发展趋势，才有制胜的可能。瞄准未来的发展趋势，才可能编制出紧跟大形势的企业数字化转型工作规划，从而最终转型成功。

如果"缺乏极其清晰的愿景和战略"，数字计划就会失败。但即使有伟大的愿景、战略和董事会的支持，如果在整个过程中没有"清晰明了的目标和指标，以便让每个人都知道转型是否成功"，失败也是有可能会发生的。

3. 忘记让客户参与转型

如果企业没有弄清楚如何让客户接受自己的数字化新业务，那么数字化转型也可能会失败。麻省理工学院斯隆信息系统研究中心发现，这种情况尤其多发于银行业，银行对自我转型有很好的想法，"然后他们会意识到，忘记让客户参与其中"。

数字银行理念很不错，但如果银行不能让广大客户使用数字银行的话，就意味着数字化转型的失败，导致出现两个业务部门在做相同的一件事，只不过一个是面对面的交易，另一个是网上银行交易。

4. 文化冲击带来挑战

数字化转型通常会遇到来自架构和技术解决方案上挑战，但是转型过程中才明白，真正的挑战其实来自企业文化变革。数字化转型大多数失败都在于企业 CIO 和其他领导者没有通过开展培训应对数字化带来的企业文化变革。

变革企业文化之所以难，是因为要改变一种企业文化，你就必须改变你的习惯，也就是改变工作方式。所以，改革企业文化，关键的就是要让人们真正接受那些新的工作方式，例如，要确保员工非常适应敏捷性，并将数据引入这个流程中，而不是创造各种假设。

5. 缺乏长期投入

没有足够的资金和持续不断的投入，必然会导致数字化转型的失败。对于数字化转型来说，重要的是要持续多年投入预算和承诺，以维持项目度过好年头和坏年头。企业中，尤其是首席财务官，必须清楚地了解投资回报，以及如何体现和何时体现这些投资回报，并且不要期望投资回报会立竿见影，否则，就有可能项目刚刚开始就被判定为失败，而不是将其视为长期成功的一个开端。

6. 没有从战术的角度考虑各种工具

当企业组织考虑推动数字化和技术实施所需的工具时，很多 CEO 并没有退后一步首先考虑组织需要的是什么。技术型组织有时候可能会抓住一种工具并在其他各个方面使用这个工具。鉴于 IT 人员短缺，添加的工具越多，越会反复遇到相同的问题，因此只有从战术的角度考虑各种工具，通过恰当的工具解决问题，才可能获得数字化转型的成功。

第四节　过分控制成本导致虎头蛇尾

数字化转型是一个不断调整、改进的过程，在成本上也是一个持续投入的过程。不少企业以为，做数字化转型就是买套软件的事，殊不知软件能正常运行的背后需要硬件环境支撑、数据需要网络传输、系统需要团队维护，技术在进步，业务在革新，需求在变动，数字化投入也必须跟进，否则没有投入，数字化转型将寸步难行。

数字化转型对很多企业来说是一个新命题，H 企业也是如此。对于 H 企业这种中型企业来说，不走数字化转型之路，会迅速被同行抢占市场，因此进行数字化转型是其唯一的出路。

　　但由于 H 企业处于竞争红海领域，极致的成本控制是其实现盈利的核心，因此这种成本上的极致控制也自然而然地渗透到了数字化转型一事上。由于前期对数字化转型的投入、成本估计不足，到了数字化应用平台开发的后期，频频出现超出成本预算的情况。追加预算，会影响企业现金流，造成资金紧张；不追加预算，又会导致数字化转型前功尽弃。在这种两难的情况下，H 企业内部就数字化转型一事开始了无休止的扯皮、争论——数字化转型工作的相关部门、人员认为钱不够，不加钱怎么干；高层管理人员则在追究财务预算为什么做得有这么大问题；其他业务部门对于数字化转型只花钱不赚钱，还一直不停要钱的做法也非常排斥。这种内耗，最终使得 H 公司的数字化转型一事陷入停滞和难以继续推进的局面。

　　实际上，H 企业在数字化转型中遇到的情况，是很多企业开展数字化转型的一个缩影。不少企业尽管在非常积极地推进数字化转型，但预算有限导致数字化工作虎头蛇尾，开始调门很高，公司内部办公系统的数字化升级要做，人工智能要布局，元宇宙要布局，可做着做着就越来越走样，越来越似是而非。有些企业，表面看起来，区块链、人工智能、芯片、元宇宙等很多数字化领域都有布局，但拿"放大镜"一看，任何一个方向都只有概念没有实质，抑或是只有个架子而未能成型。这就是过分控制成本而导致的数字化转型虎头蛇尾，因此在进行数字化转型时一定要特别注意成本预算与之的匹配情况。

第五节　数字化转型面临的认知阻力，
　　使得IT部门成为转型天花板

　　企业在数字化转型过程中，各部门会不断提出新的业务需求，为了解决各种需求而购买应用系统，往往"走一步，看一步"，缺乏整体系统规划，容易出现各种各样的问题，例如，没有明确的建设阶段性目标与长远目标；产生大量不必要的系统，与企业实际情况相差大；走弯路，系统边界不清晰，重复投资与建设；信息孤岛，系统间数据不能共享。

　　其中，信息孤岛，是数字化转型面临的一个非常大的阻力——企业缺乏系统规划，往往花钱做了一大堆各种各样的系统，但系统与系统之间并没有实现信息共享、数据互通，使得每个系统都成了一个数据孤岛。导致这种情况出现的深层次原因往往是企业将 IT 规划与数字化转型规划混为一谈。

　　那么，IT 规划与数字化转型规划究竟有什么不同？

　　"IT 规划很简单，就是要建立先进的、企业级的 IT 架构，选择一系列先进的软件来实现规划的 IT 架构。"这是技术派眼中的 IT 规划。"我们的软件都很先进，很多企业都在使用我们的软件，已经经受了实践的考验。即便没有 IT 规划，这种软件也完全能为企业创造价值。"这是软件公司眼中的 IT 规划。

尽管技术派和软件公司的视角不同，但从中我们可以很容易弄懂 IT 规划是怎么一回事。IT 规划，也叫信息化规划，本质上是利用信息技术提升企业运营效率的一种方式。

数字化转型规划则不同，是指企业通过数字化手段对业务和管理进行结构性变革，获取经营绩效的改观。数字化转型具有系统性、跨越性、阶段性等特点，往往自上而下，涉及观念、组织、流程、人员能力等一系列变革，是一个旨在通过计算、信息、通信和连接技术的组合改善公司管理的过程。

将 IT 规划、信息化规划视为数字化转型规划，往往会导致系统繁多、信息孤岛、维护费用高、收益低、风险高等一系列问题。只有建立了真正的数字化转型规划，才能避免在信息化建设的时候"脚踩西瓜皮，溜到哪儿算哪儿"，从客观上防止以上严重后果的发生。

第六节 数字化转型的成果评定是重中之重

"数字化转型的成果是什么？"相当一部分正在推进数字化转型的企业无法立即给出清晰、明了的答案。实际上，数字化转型成果的评定对于不少公司来说都是一个难题，难以界定到底是什么。比如，不清楚数字化转型的结果要不要评定，数字化转型的成果应该怎么去评定……解决不了的问题，那就先不解决，于是一些企业对此选择了视而不见，对于数字化转型，压根就没有成果评定机制。

制订数字化转型战略规划，分解数字化转型任务指标，制定清晰可量化的KPI，追过程追执行，看数字化转型成果，复盘数字化转型全过程，调整数字化转型策略……只有形成这样一个完整的闭环，才是一个正向的循环，才能不断推动企业的数字化转型朝着越来越好、越来越快的方向发展。缺少了任何一个环节，数字化转型工作都无法闭环，进而也就无法对数字化转型的成果进行评定。

对数字化转型成果进行评定，可以帮助企业及时了解自身在数字化转型过程中出现的问题，从而更好地调整策略。那么，数字化转型的成果评定要怎么做呢？

第一步：追过程。

对数字化转型执行战略情况进行长期定时跟进，是保证企业数字化转型战略顺利执行的重中之重。没有过程，就不会有结果，有什么样的过程，就会有什么样的结果。只看结果，不看过程的管理思路，看似十分有道理，但实际上却是低效的。要想让企业数字化转型战略真正落地执行，就一定要追过程，可以通过定期开质询会议的方式来强化对过程的管理。

企业可以根据实际情况，拟定自身的质询会议时间和周期。一般来说，质询会议要包括管理指标、年度目标值、累计完成值、上月目标值、上月完成值、达成差异、自我原因检讨、改善措施等要素。

第二步：找差距。

对于执行不到位的部门和员工，不能听之任之，也不宜抱着"不解决问题，而是解决产生问题的人"的思路进行处置。在实际的企业管理过程中，裁撤部门、更换员工往往不仅不能快速解决原来存在的问题，还会引发一系列新的问题，明智的做法是帮助部门和员工找差距，并帮助他们更好地完成自己的数字化转型任务。

一般来说，可以通过绩效过程管控和与部门管理者及员工进行沟通辅导的方式，来帮助他们认识到自己实际工作与任务目标之间的差距和不足之处，了解他们工作中的困难点，并按照具体问题具体分析的思路，协助他们拟定具体的改进方向和办法。如此一来，自然能够有针对性地解决数字化转型战略执行过程中出现的各种问题，从而有力地保证数字化转型战略的无损耗执行。

第三步：拿结果。

结果是检验企业数字化转型战略执行的最根本标准，必须重视战略执行的结果，一来可以对此前数字化转型战略的执行情况做总结，明确数字化转型战略执行的情况，挖掘数字化转型战略执行层面的不足；二来可以帮助企业为以后的数字化转型战略的制定和执行提供参考和借鉴；三来这也是对员工进行执行力教育的一种有效方式。

一般来说，企业可以通过召开月度、季度、年度工作会议的形式来评定数字化战略执行的结果。但不管是月度、季度总结会，还是年度总结会，都必须包括年度目标达成情况、工作规划执行落地情况、新增关键工作事项、专案工作项目、个人学习与成长、团队建设与成长、个人需要改善点、年度业务总结和自我评价与评议等核心要素。

过程决定结果，无数企业的实践充分证明：只要结果，不管过程的战略执行，注定难以取得好的执行效果。及时、合理的过程控制，可以大大提高企业数字化转型战略的执行力。

企业数字化转型的成果评定方法多种多样，PBC考核管理方法和"客户声音＋竞争对手声音＋内部流程声音"三大维度，都可以评估企业数字化转型的成果，企业可以根据自身业务的特点、数字化转型的目标和重点等，综合筛选出适合自身的成果评定方法和体系。

总的来说，企业不仅要重视数字化转型战略的制定，更要充分做好数字化转型的成果评定，只有这样才能取得数字化转型的成功。